LIMES

Wolfdietrich Schnurre

Zigeunerballade

WOLFDIETRICH SCHNURRE

Zigeunerballade

Mit Zeichnungen von
Marina Schnurre

LIMES

CIP-Titelaufnahme der Deutschen Bibliothek
Schnurre, Wolfdietrich:
Zigeunerballade / Wolfdietrich Schnurre. – Frankfurt am Main;
Berlin: Limes, 1988
ISBN 3-8090-2269-1

Satz: Dörlemann-Satz, Lemförde
Druck und Verarbeitung: Mohndruck, Gütersloh
Printed in Germany 1988
ISBN 3 8090 2269 1

Dem Andenken Karls,
gestorben im Zigeunerlager
in Auschwitz

1

Mittags fahren die Zigeuner nicht weiter. Mittags geht der Mulo, der Geist der Gestorbenen um. Es ist die Zeit ohne Schatten. Die Sonne steht am Scheitelpunkt zwischen Osten und Westen. Jetzt gehört den Mulé alles: die flimmernden Felder und die funkelnden Fernsehantennen, die Chrombeschläge der Autos und das geäderte Himmelsgewölbe.

Vitus geht Kartoffeln ausmachen. Gaspar und Kukas klettern von ihren Traktoren. Die Gesäßmuskeln sind noch verkrampft; die beiden recken sich ächzend. Chrapos deckt auf der Sonnenseite die Reifen seines LKWs mit Wellpappe ab. Ruben gießt Wasser nach in den zischenden Kühler. Es liegt roter Staub auf den Wohnwagen, den Karosserien. Die Frauen wischen ihn mit dem Handballen vom Fensterglas ab. Mischgas Hund hat einen Maulwurf gefangen.

2

Alle Familien der Sippe machen ein Feuer; jede Familie ein Feuer für sich. Bis die Kartoffeln schwarz wie Holzkohle und innen mehlig wie Weizenbrot sind, reden die Männer. Ihr Murmeln klingt angenehm. Man weiß, wo man hingehört, hat man es im Ohr. Doch Vitus wird es heute vergessen. Denn Vitus hätte gerne den Mulo gesprochen, so schrecklich anzusehen der im Grunde auch ist. Vitus wartet schon lange auf ihn. Aber der Mulo zeigt sich ihm nicht.

Die Frauen sagen, am Tag wohnt er im Wind. Doch in den Staubfahnen, die der Sommeratem über die Felder bläst, ist der Mulo nicht zu erkennen.

3

Romeika, Vitus' Mutter, sagt:

»Der Mulo hat dem Dad im Schlaf ein Haar ausgerissen. Da hatte er Macht über ihn. Daher kommt es, daß der Dad eines Tages tot im Chausseegraben lag. Der Dad hat nicht gut ausgesehen. Aber er hat ein schnelles und schönes Begräbnis gehabt. Doch es gab keinen Grund, daß er starb. Selbst die ihn haßten, haben seinen Tod nicht gewollt.

Er ist ein echter Sinto gewesen. Er wurde geachtet. Wir waren fleißig für ihn. Wir haben ihn alle verehrt. Das hat dem Mulo mißfallen. Deshalb erscheint er dir nicht. Du darfst nie einem Kind übers Haar streichen, Vitus; auch deinen Geschwistern nicht. Sonst gewinnt der Mulo auch Macht über *sie.*«

4

Immer, wenn Wald in der Nähe ist, brät Django abends Kaninchen. Er fängt sie in Schlingen. Hat er die Drahtringe lautlos vor den Ein- und Ausgängen des Kaninchenbaues befestigt, trampelt er heftig auf dem unterhöhlten Erdreich herum. Entsetzt fahren die Kaninchen heraus. Und zappeln auch schon in den Schlingen.

»Django Woitschach«, sagt Baba Tamara, »ist mit der Natur noch im Bunde. Das haben unsere Männer im Schrott- und Gebrauchtwagenhandel verlernt.«

»Wenn ich ihm nicht immer mal wieder eine Rolle Feindraht beschaffte«, antwortet ihr Gako Koslowski, der den zweiten Schrottwagen fährt, »Django wäre aufgeschmissen, ohne Schlingen im Wald.«

5

Vitus geht an der Wagenkette vorbei. Er setzt sich auf einen Grenzstein am Feldrain. Eine Lerche hängt hoch in der reglosen Luft. Der Juli hat ihr Glut in den Schnabel gestopft, sie schweigt.

Vitus preßt die Augen zusammen. Es heißt, man muß sich einen neuen Blick aneignen, um den Mulo wirklich erkennen zu können. Vitus hat Übung, er übt das seit Monaten schon. Er weiß, daß ein Roggenschlag anders atmet als eine Kiesgrube. Über jenem zittert die Luft, über dieser ist sie glatt wie ein Spiegel. Aber der Mulo hebt sich nicht von ihr ab. Er schluckt die Luft, und er entläßt sie auch wieder, je nach Belieben. Das macht, man ahnt zwar sein Wehen; doch wo bleibt seine Substanz?

Hinter ihm räuspert sich jemand. Es ist das Lungenrasseln Baba Tamaras. Gleich darauf prasselt wieder der Speichel in ihrer Pfeife. Sie spuckt aus. Sie kaut auf dem narbigen Stiel. Dann seufzt sie. Sie sagt:

»Es ist sinnlos. Er kommt nicht; du kannst es mir glauben.«

Vitus dreht sich nicht um. Er starrt auf die flirrenden Felder. Er sagt:

»Du würdest es mir nicht so oft sagen, Baba, wenn es so wäre.«

6

Manchmal träumt Romeika noch von ihm. Es sind keine angenehmen Träume, aber auch keine unangenehmen. Er ist in den Träumen so, wie er immer war; nur schlägt er sie jetzt nicht mehr, wenn sie vom Hausbettel zu wenig mitbringt. Dafür blickt er sie nachdenklich an; das hat es früher nicht gegeben.

Oft war er allerdings auch nicht da. Es hieß, er mache Geschäfte. Er ist immer erst mit ins neue Lager gekommen. Dann hat er sein Auto und seine Stiefel geputzt und ist sich die Gegend anschauen gefahren.

Manche sagen, es war nicht die Gegend, es waren die Frauen.

Aber es sind Frauen, die so etwas sagen. Sie mochten nicht, daß er wegfuhr; sie wären selber gern von ihm beachtet worden. Denn Jorkan war nicht nur neugierig, er war auch schön. Er war der schönste Sinto, den es je gab.

Sagen die Frauen.

7

Die Männer sehen das anders. Sie wissen zum Beispiel, daß Jorkan ein wenig geschielt hat. Auch hatte Adjam ihm, im Streit wegen Cora, das linke Schlüsselbein gebrochen. Doch sein Gang blieb geschmeidig. Nichts wirkte fahrig an ihm; nie war er befangen. Jeder, der vor ihn hintrat, hatte die Ehre, Jorkans Argwohn zu wecken. Dennoch haben sich viele Frauen gewünscht, ihn zum Bruder zu haben.

Die Männer strebten da mehr eine gewisse Zurückhaltung an.

Und dann dieser März.

Die Äcker waren an vielen Stellen noch weiß. Krähenschatten glitten über sie hin. Zuerst hatte Chrapos Jorkans Wagen gefunden, unversehrt. Keinen Fußabdruck rings, keine Bremsspur; später dann ihn.

Die Männerversammlung bestand darauf, Jorkans Thunderbird zu verkaufen.

»Ein Glück nur, daß er nicht im Wohnwagen gestorben ist«, hat Romeika gesagt; »sonst hätte auch der verkauft werden müssen. Denn nichts darf zurückbleiben, wenn ein Sinto das Zeitliche segnet. Andenken verkleinern. Wertgegenstände sind dem Gedenken im Weg. Hinterlassenschaften stiften nur Streit. Je spurloser der Gestorbene aufbricht, desto ungetrübter sein Bild.«

Daher: Ist der Tote begraben, werden seine Kleider, seine persönlichen Gegenstände verkauft oder verbrannt.

Ruben Golbatschenski hat es vor der Männerversammlung noch mal wiederholt:

»Das gilt für die Tabakspfeife wie für die Kravattennadel, für das Amulett wie für den Kassettenrecorder. Kein Sippenmitglied soll etwas erben.«

8

Romeikas Schwester heißt Worscha. Worscha versteht über Geld zu beten, wie sonst keine andre Sintizza. Seit Jorkan tot ist, lacht sie nicht mehr. Denn sie hat ihn genauso wie Romeika gemocht; vielleicht sogar mehr. Worscha sagt:

»Jorkan war zu freundlich gewesen. Er hat den Gadsche zu wenig mißtraut. Gut, sie sind *auch* Menschen; und wir brauchen sie, weil wir uns in ihrer Nähe ernähren. Aber Jorkan hat sie mit uns gleichsetzen wollen. Das geht nicht.

Die Sinte ist die Blüte am Holz. Die Gadsche sind nur die Rinde. Sie verstehen uns nicht. Sie haben nur die Sprache der goldenen Ringe verstanden, durch die Jorkan sein grünes Halstuch gezurrt hat.

Aber die Ringe haben gelogen. Sie sind nicht Jorkans Reichtum gewesen; sie haben Jorkan geschmückt. Das ist ganz etwas andres.«

9

Ihr Rechtsprecher ist Ruben. Ruben hat die dadeskero wast, die väterliche Hand, die man braucht, um den Gesetzen Achtung zu verschaffen. Er kann für unehrenhaft, für prasto erklären, und hat aber auch schon zweimal eine Blutrache zum Stillstand gebracht.

Wenn Ruben Golbatschenski eine Zigeuner-Kneipe betritt, erheben seine Männer sich von den Sitzen. Er wird von allen gesiezt; das hat mit seinem Amt, das hat nichts mit Ruben zu tun.

Ruben trägt eine schwere goldene Uhr in der Westentasche. Sie ist an einer mehrfach verschlungenen Kette befestigt, an der funkelnde Schaumünzen hängen. Er zieht die Uhr nur, wenn es Zeit zu gewinnen gilt oder Konzentration erforderlich ist.

Es ist nicht gut, sich mit ihm anzulegen, denn Ruben hat die Gabe, seinen Flüchen Vollzugsgewalt angedeihen zu lassen. Ein Gericht der Gadsche hat ihm auferlegt, seine Verfluchungen einzustellen. Noch am selben Tag ist der ermittelnde Staatsanwalt von einem Schlaganfall heimgesucht worden.

Es geht das Gerücht, Ruben habe sieben Leben. Drei ist er schon losgeworden. Eins im Konzentrationslager. Eins bei einer Schießerei unter Brüdern. Eins vor Jorkans fliegendem Messer.

Manche sagen, das Messer flog unsichtbar wieder zu Jorkan zurück.

Aber man hat keine Wunde an seinem Körper gefunden.

Und Rubens Gerechtigkeitssinn hätte ein Messer auch gar nicht nötig gehabt. Seine Verwünschungen erledigten, was er sich vorgenommen hatte, doch sehr viel verläßlicher noch.

10

Die Sippe reist schon lange zusammen. Sie ist mal aus Ungarn, über Polen, nach Deutschland gekommen. Die Familien heißen Magyrecki, Golbatschenski, Schlomichl, Koslowski, Woitschach, Dombrowski, Wollatschek. Nur wenige aus den Familien können rechnen, lesen und schreiben. Die Alten können noch Ungarisch; auch Polnisch können ein paar. Untereinander sprechen sie Romani. Kürzlich hat man einmal versucht, die Sippe seßhaft zu machen. Das heißt, man hat ihr am Rand einer Müllhalde ein paar Baracken zugewiesen.

Nach einigen Tagen ist Ruben Golbatschenski zum Landrat gegangen.

»Es gibt ein Sprichwort bei uns«, hat er zum Landrat gesagt, »das geht so: ›Ein sitzender Zigeuner ist nur am Lagerfeuer denkbar oder auf seinem Koffer.‹ Erlauben Sie, daß wir aufhören, auf unsern Koffern zu sitzen.«

Seitdem reisen sie wieder. Nacht für Nacht sitzen die Familien am Feuer. Den Hunden zucken die Läufe im Schlaf. Die Männer erzählen sich Neuigkeiten. Es sieht schön aus, sich in all ihren Ketten und Ringen das Feuer spiegeln zu sehen.

»Doch schöner noch«, sagt Ruben, »spiegelt sich das Feuer in den Augen der Frauen.«

11

Adjam hat es mit Cora nicht leicht; aber Cora auch nicht mit ihm. Adjam liebt Cora. Und sie liebt ihn auf ihre, beziehungsweise auf seine Art auch. Aber es ist für eine Frau, die eingenommen werden will wie eine Festung, immer wieder enttäuschend, wenn statt Rammbock und Lanze nur ein prickelnder Pfeilregen kommt.

Es wäre gut für Cora, Adjam in der Liebe nicht immer zu reizen. Dann bliebe er in seinem abgesteckten Gebiet. So durchbricht er jetzt ständig die Grenzen, die ihm seine Zurückhaltung zieht.

Doch im Niemandsland kann man nicht lieben. Und Cora geht nicht einen Schritt auf ihn zu. Er soll sie verfolgen. Und sie möchte sich wehren. Aber Adjam will keinen Kampf. Er hat ein Leben lang Zärtlichkeiten gesammelt. Coras Haut könnte Jahrzehnte unter seinen Bärentatzen erschauern.

Aber Cora will Krieg.

12

Die Älteren sind noch im Pferdehandel tätig gewesen. Heute handeln die Sinte mit Möbeln, Autos und Schrott.

»Der Pferdehandel«, sagt Papo Mihailo, »ist ehrenwerter gewesen. Denn immer war da der Fachmann gefordert. Wenn der Gadscho uns manchmal auch Roßtäuscher schalt. Capité; immerhin haben wir noch ein altes in ein junges Pferd zu verwandeln vermocht.

Schrott aber«, sagt Papo Mihailo, »bleibt Schrott. Ein Auto kannst du erneuern; verjüngen kannst du es nicht. Und wie sind wir auf unsern Pferden geritten!«

Papo Mihailo lügt. Noch nie hat ein Zigeuner sich nach einem Pferderücken gesehnt. Die Pferde hatten die Wagen zu ziehen. Sie wurden verbilligt erworben und dreimal so teuer verkauft.

»Wobei man bedenken muß«, sagt Papo Mihailo, »wie wir aber an so einem Tier auch gearbeitet haben: Erst mal, damit das Alter nicht ablesbar ist, die flach gekauten Zähne schartig gebrannt. Dann Stechapfelsaft in die Lefzen geträufelt. Was auch das dämpfigste Pferd fürs erste wieder durchatmen läßt. Nun Pfeffer ins Futter, auf daß es sich prall säuft, das Tier. Und jetzt noch mit Schuh-Creme Glanzlichter gesetzt auf das räudige Fell. Den du jedoch mit Pferde-Urin anrühren mußt. Denn nach Salmiak darf das Pferd riechen, nach Schuhwichse nicht.

Beim Verkauf allerdings ist Eile geboten. Denn so ein ältlicher Gaul«, sagt Papo Mihailo, »kann oft das Wasser nicht halten. Und pißt er erst mal, verwandelt er sich im Nu in seinen ursprünglichen Zustand zurück. Da ist es dann angebracht, den Pferdemarkt schon seit einer Weile verlassen zu haben.«

13

Niemand ist täglich so hungrig wie Kukas. Man kennt ihn auf Reisen und im Lager nur kauend. Kukas kaut alles. Baumrinde und Fleischfasern vom Knochen am liebsten. Selten, daß er mal *keine* gekochten Eier in den zerbeulten Rocktaschen trägt.

Es gibt keine Beere, keinen Vogel, kein Niederwild, die Kukas' Frau Tita ihrem Mann nicht schon gekocht, eingepökelt, gebacken oder angeschmort hätte. So ist Kukas auch der einzige in der Sippe, der mit drei Eisschränken reist. Sie sind meist leer. Aber es beruhigt Kukas zu wissen, der Raum für Nahrung ist da.

Er redet auch gerne vom Essen. Die Anfangssätze sind fast immer die gleichen. Kukas schmatzt, er leckt sich die Lippen. Er sagt:

»Ich möchte wirklich gern wissen, wie das und das schmeckt.«

Es gibt aber niemand in den Familien, der sich darüber lustig machte. Denn jeder weiß, hätte Kukas als Kind nicht so hungern müssen in Auschwitz, er wäre mit einer Brennesselsuppe zufrieden pro Tag.

14

Es ist Morgen. Die Männer in den Wohnwagen strähnen sich gähnend das Haar und boxen sich ächzend noch mal das Kissen zurecht. Die Frauen bereiten sich aufs Findengehen vor. Sie rauchen und binden die Kopftücher um. Die Verheirateten knoten sie unter dem Kinn, die andern im Nacken. Die Beutel und Säcke haben sie schon unter den bodenlangen Röcken verstaut. Denn Findengehen heißt mitnehmen wollen; mitnehmen wollen, was Wert hat. Und Wert hat alles, was schmeckt, schmückt, wärmt, verkäuflich ist oder Kaufen ermöglicht.

Zum Findengehen kann man auch Hausbettel sagen. Wohlwollende Gadsche setzen für Hausbettel Hausierhandel ein. Denn jede der Frauen schultert schließlich ihr Bündel. Jedes Bündel enthält schließlich Teppichbrücken, Wolldecken, Spitzen.

Es gibt auch Sinte-Frauen, die Spitze *verkaufen*. Das sind keine echten Zigeunerfrauen. Eine echte Sintizza verkauft nicht. Verkauf ist immer Verlust. Es sei denn, man verkauft, was man *kann*:

Slava kann wahrsagen aus Kaffeesatz. Mara bespricht krankes Vieh. Romeika liest aus der Hand. Dikeli ist Meisterin im Kartenaufdecken. Morenka versteht sich auf Schwarze und Weiße Magie. Nina kann Teufel austreiben. Hana hört die Stimmen Gestorbener. Tina bannt Geister.

Lele kann Erbschaften riechen. Weiberle betet mit Erfolg über Geld. Hucka hat heilende Hände. Levarka kräftigt ermüdetes Blut. Worscha läßt Warzen verschwinden. Margodscha geht gegen Unfruchtbarkeit an. Danka ahnt Wasseradern. Kaschkeraka weiß, wie man klug werden kann.

So reich sind die Frauen.

15

Baba Tamara sagt:

»Jorkan hat viele Fehler begangen. Seit hundertundeinem Jahr ist bekannt, ein Sinto darf den Schmuck und das Nähzeug seiner Frau nicht berühren; er wird prasto, wird unrein davon.

Was aber hat Jorkan Schlomichl immer wieder getan? Romeika das Nähzeug gebracht. Sie umarmt und geschlagen, obwohl sie geschmückt war. Jorkan glaubte frei zu sein, wenn er die Gesetze mißachtet. Das Gegenteil ist der Fall. Nur Disziplin macht dich frei. Denn sie schützt vor Ratlosigkeit. Auch vor den Mulé. Daß Jorkans Mulo da scharf auf ein Haar von ihm war, wer will ihm das wohl verdenken?«

16

Wenn Levarka mitkommt, findet Barkan am meisten. Levarka ist fünfzehn, und Barkan wünscht sie sich einmal zur Frau. Da muß man rechtzeitig auf sich aufmerksam machen, eine umworbene Sintizza übersieht einen schnell.

Barkan *kann* man nicht übersehen, wenn man sich aufs Findengehen versteht. Er macht sich nützlich auf vielerlei Art. Er kann Hunde erstarren lassen im Sprung. Er sieht einer Sammeltasse ihren Geldinhalt an. Er schreibt in Patrin, in der Geheimschrift, an Türen und Mauern, was er über die Hausbesitzer erfuhr. Und er versteht sich auch aufs Handlesen schon. So braucht er sich nicht verdächtig zu machen, wenn er lautlos eine Küche betritt. Er hat vor allem Schubladen gern und reicht aus dem Fenster, was das Mitnehmen lohnt. Einschleichdiebstahl nennt das das Gadsche-Gericht.

Levarka lacht. So viel hat sie noch nie unter den Röcken verborgen, wie wenn Barkan den Handlanger macht.

17

Es ist von Anfang an nicht leicht gewesen für Cora. Vielleicht hat sie sich auch in Adjam geirrt. Seiner Körperstärke gesellt sich Jähzorn und Gutmütigkeit zu; je nachdem, ob er gereizt wird oder geltengelassen.

Coras Eltern hatten die Kaufsumme zu hoch angesetzt. Adjams Zorn holte sie wieder herunter. Cora gefiel das. Auch daß er als Sinto sich eine aus dem Stamm der Kalderas nahm, ungeachtet der Schwierigkeiten, die sich daraus ergaben: auch das sprach für ihn. Und vor allem: Er wollte die Kinder. Er war sogar ganz versessen auf sie.

Später wußte Cora den Grund. Weil er selber keine zu zeugen vermochte. Sie hatten Versuche mit ihm gemacht. Da war seine Männlichkeit auf der Strecke geblieben.

Er hätte es sagen müssen. Sie wäre ihm trotzdem gefolgt. Sie wollte weg aus dem Stamm. Sie *war* keine Witwe. Sie war eine Frau. Und stolz auf ihr Feuer. Über daß *er* sich hinweggesetzt hatte. Mit Stillschweigen: Ein hinkender Bär.

18

»Seine Gaben«, sagt Slava, »preist man nicht an. Auf die läßt man die Bedürftigen stoßen. Wie erfreut sind die Gadsche, wenn sie durch Zufall erfahren, daß ich handlesen kann.

Ich schiebe den Hausierhandel vor; der hilft da; er baut eine Brücke. Er bietet der Kundin, während sie die Ware befühlt, die Chance, sich zu erkennen zu geben. Dazu braucht die Interessentin jetzt ein Zeichen von mir. Ich lobe zwar die Qualität meiner Spitzen. Doch wie beiläufig fällt mir dazwischen ein jüngst geschehener Todesfall ein. Oder ein unheilbares Leiden. Oder ein Lidzucken im Gesicht der Gadsche-Frau schreckt einen auf. Man erwähnt es, weil es Rückschlüsse zuläßt. Die nennt man.

Man spricht nicht lange darüber. Man flicht es nur ein. Preist, da man sich nicht aufdrängen will, gleich wieder den Teppich, die Wolldecke an. Jetzt kann die Gadsche selber einsteigen. Jetzt kann sie fragen, befürchten, berichten.

Jetzt wird sich ihr die Sintizza nicht mehr länger versagen. Jetzt wird die Bäurin, die Hausfrau erkennen, daß das Schicksal ihr wohlwill, wenn sie bereit ist, nicht nur Vertrauen, auch Kleidung, auch Tabak, auch Nahrungsmittel zu schenken; und vor allem –: zu zahlen. Denn es ist schwer und verantwortungsvoll, sich, um der Wahrheit willen, täglich erneut den Weg zu Sunto Maria und ihrem Sohn Chretchumo zu bahnen. Was hält einen da, unterwegs zu den beiden, nicht alles auf! Oft ist es, als hätte o Bengt, der Teufel, kochenden Teer ausgegossen, so brennen die Sohlen.

Na, und vom Umgang mit all den Geistern«, sagt Slava, »*davon* doch lieber zu schweigen.«

Vom Umgang mit all den Geistern«, sagt Slava, »zu schweigen.«

19

»Ich will dir was sagen«, sagt Griksla, die Vitus mal heiraten soll:

»Dein Dad hat die Eulen gemocht. Nacht für Nacht hat er nachgemacht, wie sie schreien. Das ist nicht gut. Eulen, Krähen, Elstern sind schlechte Vögel. Man wendet sich ab, wenn man sie sieht. Dein Dad hat die Elstern gelockt. Er hat nie die Krähen vertrieben. Man darf sich nicht wundern, daß dann so was passiert.

Wir Sinte haben die Bachstelze lieb. Sie ist wie wir. Oder warum heißt sie wohl romano tschiriklo, was Zigeunervogel bedeutet?«

»Der Dad«, antwortet Vitus, »hat aber auch den Igel geliebt. Es gibt kein Tier, das uns nähersteht. Dad sagt, der Igel hat uns auf seinen Stachelspitzen das Feuer gebracht. Deshalb will er jetzt, gebacken, wieder ins Feuer zurück.«

20

In der Sippe reist auch eine Jenische, eine Nichtzigeunerin, mit. Das ist Ana, die Frau Backo Woitschachs. Ana weiß manchmal nicht, wo sie hingehört. Sie bleibt in Kaffeestuben hängen, in Kneipen. Sie sagt aus dem Kaffeesatz wahr. Wenn sie *sehr* traurig ist, geht sie mit Männern. Kommt sie zurück, ist sie noch trauriger.

Aber Ana gibt nicht Backo das Geld. Sie ißt Kuchen dafür und kauft sich Schnaps, Zigaretten.

Backo hat sie zuerst immer geschlagen.

Da hat Ruben Golbatschenski gesagt:

»Wenn Ana weiß, du schlägst sie, sobald sie zurückkommt, kommt sie eines Tages gar nicht mehr wieder. Bedenk: Du pfeifst deinem Hund. Der Hund hört nicht. Erst einen Tag später trabt er schweifwedelnd wieder durchs Lager. Was machst du?«

»Ich lob ihn«, sagt Backo.

Ruben nickt.

»Du lobst und belehrst ihn. Belob Ana auch. Und lehr sie zu lernen, daß du sie liebst.«

Backo hat sich das zu Herzen genommen. Er bereitet Ana jetzt einen Tee, wenn sie zurückkommt. Und er redet mit ihr. Er redet von sich, von seinen Leuten.

Ana schweigt. Sie mag keinen Tee. Aber sie trinkt ihn und hört Backo zu.

21

Lisajka ist die Tochter Slavas. Sie ist zehn. Täglich muß sie finden gehen, mit den älteren Kindern, den Frauen zusammen. Man kann gar nicht früh genug mit der Arbeit beginnen. Die Erfahrungen, die man beim Hausbettel macht, können als glatte Mitgift umgebucht werden. Denn nichts schätzen die Männer mehr als eine Sintizza, die schon am Nachmittag, bepackt wie ein Lastpferd, zurückkommt.

Lisajka hat den findenden Blick. Sie braucht nur eine Küche zu betreten, schon weiß sie, wo das Postsparbuch liegt mit den drei Zwanzigmarkscheinen drin. Ihre Spezialität ist das Eisschrankausräumen. Lisajka nimmt nur, was nicht tropft, denn sie muß es unter ihren Röcken verbergen. Lisajka borgt sich zur Arbeit von Romeika die Kleinste. Sie heißt Elizinka, was soviel oder so wenig wie Liesl bedeutet. Wenn sie eine Bauernstube betritt, trägt Lisajka Elizinka eng an sich gepreßt. Ist jemand da, wirkt das mitleiderregend; ist niemand da, um so besser. Dann wird Elizinka mit einem Stück hartgefrorenem Käse in die Ecke gesetzt, und Lisajka läßt ihren Jagdhundblick frei.

Elizinka ist in mehrere Lappen gewickelt. Unten sind in den Lappen zwei Löcher, aus denen Elizinka blitzschnell ihre Beine herausstrecken kann. Das ist für den Notfall. Denn manchmal muß man auch rennen.

22

Baba Tamara sagt: »Bei uns, bei der Sinte, ernährt die Frau ihren Mann und die Kinder. Die Róm, die Kalderari, die Gitanos werfen uns das vor. Bei ihnen handelt der Mann. Auch unsere Männer verstehen zu handeln. Als es noch Pferde gab, haben sie es bewiesen. Chrapos, mein Liebling, handelt noch jetzt, wenn auch mit Schrott. Gaspar und Eda Koslowski verstehen sich aufs Gebrauchtwagenvermitteln, ohne einen Finger zu rühren. Vielleicht hat sogar Jorkan gehandelt. Wenn man auch geneigt ist zu fragen: womit? Ja, selbst Ruben Golbatschenski macht manchmal mit den Gadsche Geschäfte.

Aber all das ist weit entfernt vom Verdienen. Das ist der Handel an sich. Das ist der Spaß, den er macht.

Jeder unserer Männer, Stamlo ausgenommen, ist fähig, den klügsten Gadscho zu übervorteilen. Nur, wozu muß man das erst beweisen? Wir wissen es. Wir bewundern unsere Männer dafür. Aber wir drängen sie nicht, es in die Tat umzusetzen. Unsere Männer lieben es nicht, unnötige Dinge zu tun, sie sind zurückhaltend. Ihre Wirkung auf uns beruht nicht zuletzt darauf, mit welcher Selbstverständlichkeit sie uns in Alltagsdingen den Vortritt lassen. Das ist eheliches Vertrauen. Und sie haben uns ja auch nicht nur nach körperlichen Vorzügen ausgewählt, oder weil wir in jüngeren Jahren hübsch gewesen sind. Einen

Sinto interessiert Hübschheit nicht. Oder sagen wir: *kaum*. Sie kann eine Zugabe sein. Unsere Hauptmitgift aber ist Tüchtigkeit.

Tüchtigkeit allein nun allerdings auch wieder nicht; unsere Männer wollen auch Väter sein. Niemand, nicht mal der Igel, liebt seine Kinder wie sie; und das ist *noch* einer der Gründe, weshalb sie im Lager bleiben, wenn ihre Frauen zum Finden ausschwärmen. Sie sind der Mittelpunkt der Familie. Sie sind die Zärtlichkeit. Sie sind die Wärme. Sie sind das Vorbild. Sie sind die Würde. Sie sind die Ruhe. Sie sind die Kraft. Deshalb schmücken sich unsere Männer auch mehr als wir, ihre Frauen. Deshalb sind sie oft auch bunter gekleidet. Wir wollen sie so. Denn wir wissen, was wir an ihnen haben.«

23

Dennoch –: Jorkans Thunderbird hätte Vitus gerne behalten. Wie oft hat er ihn nicht schon gefahren. Aber es sollte nun mal nichts zurückbleiben vom Dad; da mußte Romeika seinen Wagen wohl oder übel verkaufen. Vitus sah sich nach einem andern Gebrauchtwagen um. Aber die Gadsche sind da eigen; sie glauben, daß sich ein Fünfzehnjähriger noch nicht aufs Autofahren versteht.

Und so hat Ruben Vitus und Romeika verboten, einen Gebrauchtwagen zu kaufen, und die ganze Familie muß nun im Wohnanhänger reisen. Der ist jetzt immer an Kukas' Magirus gekoppelt.

Wenn nur Worscha nicht wäre! Dann ginge das noch. Sie nimmt einfach zuviel Platz weg. Denn Worscha ist massig und schwer. Und was noch ärger ist: Man sieht ihr an, sie denkt dauernd an Jorkan. Romeika beobachtet dann besorgt ihre Kinder. Es ist nicht gut, daß sie sehen, Worschas Gedanken umkreisen den Dad. Denn Koleman und Kamill denken ohnedies schon dauernd an ihn; von Vitus zu schweigen.

Gern wüßte Romeika, wie die Kinder ihn sehen. Denn wenn *sie* an ihn denkt, hat er kein Gesicht mehr in ihren Gedanken.

Aber darf man ein Kind fragen: ›Hat der Dad ein Gesicht?‹

Dann sich schon lieber an Worscha gewandt. Die hat die Augen geschlossen. Ihre Mundwinkel zucken. Sie sieht ihn, kein Zweifel. Sie entdeckt jetzt den Goldstaub hinter seinen grünen Pupillen. Sie öffnet die Lippen.

»Aufhören!« hört da Romeika sich schreien.

24

Die Koslowskis haben auch eine Baba. Sie heißt Milina, was Anmut bedeutet. Das mag früher gestimmt haben. Jetzt hat sich Baba Milinas mögliche Anmut in spürbare Würde verwandelt.

Baba Milina geht nicht; sie schreitet. Sie hat die flachsten, die abgewetztesten Fußsohlen, die sich nur denken lassen. Nie trägt sie Schuhe; nicht mal in den Winterquartieren. Sie raucht fünfzig Zigaretten am Tag. In der Zwischenzeit kaut sie, wie Baba Tamara, auf ihrer Stummelpfeife herum.

Die Männer schätzen sie fast mehr noch als Baba Tamara. Denn jedesmal, wenn sie steckenbleiben in einer ihrer Geschichten, weiß Baba Milina, wie man sie weitererzählt.

Baba Tamara kann Baba Milina nicht leiden; ihr Ansehen ist ihr zu groß. Denn Baba Milina hat sieben Kindern das Leben geschenkt, Baba Tamara nur fünf.

Doch das ist es nicht allein, was ihre Leute sie hochachten läßt. Kommt noch hinzu, der Baba Milina ist die heilige Ägypterin Sara erschienen.

Baba Milina hat zu ihr gesagt: ›Sara Kali, Schwarze Sara, wann werden auf den Camping-Plätzen die Schilder verschwinden, daß wir dort nicht Rast machen dürfen?‹

›Nie‹, hat die Schwarze Sara darauf zu Baba Milina gesagt.

Die Familien haben die Schwarze Sara schon mehrfach besucht. Sie wohnt in der Provence; Les-Saintes-Maries-de-la-Mer heißt der Ort; oder Tresmaié, wie sie sagen. Dort steht sie in Gips. Die Opferkerzen haben sie schwarz gemacht. Als Baba Milina es das erste Mal sah, hat sie sich von Gaspar eine Kette aus schwarzen Holzkugeln anfertigen lassen. Die trägt sie Tag und Nacht. Deshalb ist ihr auch die Schwarze Sara erschienen: aus Dank.

Milina hat eine schwere Aufgabe zu erfüllen. Sie wacht über die Sitten-Gesetze. Es respektieren sie daher auch die Frauen und Mädchen.

Nur Cora kann Baba Milina nicht leiden.

25

Adjam hatte den Schwiegereltern schwören müssen, Cora weder hausieren noch findengehen zu schicken. Bei den Kalderas handeln die Männer. Also ist auch Adjam nichts übriggeblieben, als selber zu handeln. Und er handelte mit Gebrauchtwagen und Schrott.

Um Gebrauchtwagen zu vermitteln, genügt ein Telefon. Das kannte man noch von den Pferden. Um Schrott aufzukaufen und abzusetzen, muß man einen LKW haben. Adjam war viel unterwegs, Cora häufig allein. Sie langweilte sich. Denn die Frauen waren ja bis in den Nachmittag hinein unterwegs. Und die Männer ließen sie fühlen, daß sie vom Stamme der Kalderas war; eine Fremde.

»Das *konnte* nicht gutgehn«, sagt Baba Milina. »Wären Eleana und Yogi wenigstens Adjams Kinder gewesen. Aber es waren die ihren. Und daß Adjams Stärke täuscht, liegt auf der Hand. Das hat sie ja schon in der Brautnacht erfahren. Nun kann man uns auch auf andre Art lieben. Aber das muß einem liegen.

Cora lag es nicht. Sie hat sich Adjam entzogen. Daß da einer wie Jorkan Witterung aufnahm, ist zu verstehen.«

26

Vitus und Barkan sind miteinander verbunden in Blutsbrüderschaft. Sie ließen den Rasiermesserschnitt am Oberarm eitern, um eine Erinnerungsnarbe zu haben.

Barkans Schwester ist Griksla. Barkan freut sich schon darauf, einmal Vitus' Schwager zu sein.

»Einen erfahreneren Igeljäger als Vitus«, sagt er, »kann es nicht geben. Und hat er unsern Hund nicht gelehrt, ein Ei zwischen den Zähnen, siebzehn Leitersprossen zu nehmen, abwärts auch noch?«

Vitus, sagt Barkan, muß nur aufhören, den Mulo sprechen zu wollen. Mit dem Mulo zu verkehren, dem Geist eines Toten, macht unrein; prasto, wie Barkan es nennt.

Barkan trägt ein Lederamulett auf der Brust, mit drci zusammengeknoteten Pferdehaaren darin. Das soll die Mulé abschrecken. Baba Tamara hat es bespuckt und besprochen.

Dennoch ist Barkan nicht sicher, ob es auch hilft.

»Um so vorsichtiger«, sagt er, »muß man sein, daß man den Mulo nicht reizt.«

»Wieso reize ich ihn«, sagt Vitus, »wenn ich möchte, daß er sich stellt? Sie leben doch, die Geister der Toten. Warum *zeigen* sie uns ihr Lebendigsein nicht?«

27

Gina und Kukli sind einander versprochen. Dabei sind beide zusammen erst sechzehneinhalb.

Kukli sagt:

»Jeder Sinto braucht Frauen, die für ihn arbeiten gehn. Warum sollst du nicht meine erste Frau sein?«

Gina antwortet ihm:

»Jede Sintizza will geehrt werden in ihrer Familie. Wenn ich nicht genug Kinder kriege von dir, nehme ich mir eben noch ein paar andere Männer.«

28

Lele lebt schon lange mit Radós, einem Vetter Rubens, zusammen.

Lele sagt:

»Wir wollen es noch ein wenig versuchen.«

Radós ist froh, daß sich Lele nicht von ihm trennt.

»Es muß jemand im Wagen sein«, sagt er, »wenn man vom Schrotthandel kommt.«

Lele liebt ihn nicht mehr. Aber sie hat sich an ihn gewöhnt. Und Dankbarkeit verbindet ja auch. Schließlich, welcher Sinto lebt schon gern mit einer Kinderlosen zusammen.

Lele könnte Kinder bekommen. Aber sie will keine Kinder. Man hält sie deshalb auch nicht für eine echte Sintizza.

»Sie muß eine Jenische sein«, sagt Baba Tamara. »Man hat sie ihrer Mutter untergeschoben. Anders ist diese Haltung nicht zu erklären.«

Baba Tamara irrt. Diese Haltung ist mit Leles Stolz zu erklären. Denn Lele ist fleißig. Keine der Frauen bringt so viel Geld mit am Abend wie sie. Sie liest aus der Hand. Sie deckt Karten auf. Sie beschwört Geister. Sie beherrscht die Weiße, die Schwarze Magie. Sie kann krankfluchen. Sie kann gesundbeten.

»Lele«, sagt Gaspar, »kann alles.«

29

Sobald es dämmert, rückt Barkan dichter ans Feuer heran.

»Im Rücken«, sagt er zu Vrani, Jogi, Yoß, Tangerle, seinen vier kleinen Geschwistern, »da spürt man sie manchmal jetzt schon. Das liegt an Vitus; der hat einen von ihnen beschworen; den von Jorkan, genauer.

Wer Mut hat, der dreht sich um. Er kriegt einen warmen Rücken dafür. Er kann aber auch ein Steingesicht kriegen. Am besten, ihr macht die Augen zu nachts; dann fühlt der Mulo sich nicht beleidigt.

Es ist auch nicht Angst, was man vor ihm haben soll. Es ist Ehrfurcht. Falls ihr die aufbringt.«

30

Vitus ist traurig. Der Mulo erscheint einfach nicht. So oft Vitus ihn mittags und nachts auch erwartet. Er sitzt auf dem Tritt zur Wohnwagentür.

Die Nacht ist schon kühl. Es glänzt Tau auf den Gräsern. Vitus sieht den Dad am Steuer des Wagens. Die Finger trommeln aufs Lenkrad. In den Steinen der Ringe bricht sich funkelnd die Sonne. Die anderen Ringe hat Dad auf sein grünes Halstuch gezurrt und es um den letzten verknotet. Er kaut auf seinem Schnurrbart und beobachtet im Rückspiegel das Lager.

Ihm ist vor allem an Adjam gelegen. Der klopft den festgetrockneten Schlamm von der Innenseite des Traktorschutzbleches ab. Im Eingang des Wohnanhängers lehnt Cora. Sie hat ihre Fuchsmütze auf und in den weggestemmten Taschen der Steppjacke die Fäuste geballt. Dads Kaumuskeln beginnen zu arbeiten, wie er sie wahrnimmt.

Der Dad hat sich immer mit Adjam vertragen. Es war nicht vorauszusehen gewesen, daß sich die Männerversammlung für den Zweikampf entschied. Ruben hätte dagegensein können. Er hatte sich der Mehrheit gefügt. Obwohl Baba Tamara ihn warnte.

»Ein Zweikampf«, sagte sie, »ist keine Strafe. Selbst wenn Jorkan verliert, wird er siegen. Denn stärker als Adjam ist niemand.«

Das stimmte. Der Schlüsselbeinbruch, den Adjam dem Dad zugefügt hatte, bewies es.

Aber der heilte. Längst war Jorkan wieder der alte. Sicherheitshalber söhnten die meisten sich mit ihm aus. Nur Ruben nicht; und auch nicht Adjam und Vataf.

Es hat wohl an Dads Stammestreue gelegen. Denn wo ein Sinto in Gefahr war, hat Jorkan sich vor ihn gestellt; egal, gegen wen.

»Adjam mag stark sein«, sagten die Männer; »aber Jorkan ist mutig.«

Und er war berühmt für sein Lächeln. Es kam immer erst, wenn er zum Rasiermesser griff.

Diesen Griff machte keiner ihm nach. Auch nicht das Winken des linken Zeigefingers dazu, das dem Herausforderer galt.

Fünfmal hat Jorkan einen Gegner geschnitten. Dreimal ging es um Frauen.

31

»Cora«, sagt Baba Tamara, »ruhte auch zu sehr in sich. Kein Hund gedeiht auf Dauer im Rudel, wenn er sich nur ständig die Pfoten beleckt. Es sind die andern, die dich bestätigen müssen. Du selber genügst da noch nicht.

Vielleicht hätte Jorkan sie Adjam wegnehmen sollen. Das hätte zwar den Stammesausschluß zur Folge gehabt. Aber der stand für Jorkan ja ohnehin an. Er ist zu ehrenhaft zu Cora gewesen. Er hätte sich ihr nicht als Freund, er hätte sich ihr als Mann nähern müssen.«

Baba Milina schüttelt den Kopf.

»Du verkuppelst sogar die Gestorbenen noch.«

Baba Tamara klopft ihre Pfeife am Schuhabsatz aus.

»Schöne Paare füge ich immer zusammen.«

»Cora«, sagt Baba Milina, »hätte sich auf Adjam einstellen müssen. Sie *hatte* doch schon zwei Kinder. Es wäre möglich gewesen.«

»Du redest, als ob dich zwei Kinder der Liebe entheben. Aber geliebt werden und lieben ist zweierlei. Das hat auch Jorkan gewußt. Denn Cora hat ihn gebraucht. Geliebt hat sie ihn nicht.

Nur –: Ich sage dir ja –: Das sind Schranken, die kannst du durchbrechen. Du darfst eben nur keine Dankbarkeit aufkommen lassen. Und genau in der hat sich Jorkan gesonnt. Ein Sinto, der einer von den Kalderari zur Flucht zu ihren Eltern verhilft und bleibt im eigenen Stammesverband! Ich bitte dich. Hätten sie einander geliebt, wäre Dankbarkeit gar nicht erst aufgekommen. Dann wäre Jorkan ein Kaldera geworden. Dann lebte er noch. Jetzt ist sie ihm heute noch dankbar, und Jorkan ist tot.«

32

»Stellt den Fernseher aus«, sagt Romeika; »ich erklär euch die Hände.«

Hanenka und Leana sehen einander an; sie sind wütend.

Romeika sagt: »Ihr müßt unterscheiden. Manche von uns Frauen verstehen *wirklich* in den Händen zu lesen. Wohlbemerkt: In den Händen der Gadsche. Wir Roma sagen einander nicht wahr. Es entstünde zuviel Streit unter uns, wenn wir es täten. Andere Frauen gehen beim Handlesen von ihrer Einfühlung aus. Schließlich, was will wohl ein sorgenvoller Gadscho schon hören; und er soll ja bezahlen. Also müssen wir ihn auch bedienen.

Was mich betrifft, ich gehe beim Handlesen gern von einer gesicherten Grundlage aus. Deshalb, Hanenka, ist das Ausspionieren vorher so wichtig, die vertrauliche Unterhaltung. Jetzt sollte man allerdings das Patrin, die Zeichensprache beherrschen. Denn man muß ja beim Verlassen des Hauses der Wahrsagerin, ohne mit ihr gesehen zu werden, von seiner neu erworbenen Kenntnis berichten. Nun, Töchter, das üben wir noch.

Dann gibt es aber auch noch unser eigenes Wissen, was die Hände betrifft. Ich meine vor allem das Wesen der Finger.

Beseht euch den Daumen. Er wendet sich ab von der

Hand. Er ist ein Einzelgänger; er verläßt seinen Stamm. Alle seine Wege führen ins Unglück; besonders die Wege des linken. Es sei denn, dieser linke wird von der Hand eines Toten gelöst, der schon neun Tage im Grab liegt. Ein solcher Totendaumen leuchtet dem Dieb. Die Hausbesitzer versetzt er in ohnmachtähnlichen Schlaf.

Der Zeigefinger ist fröhlich. Er ist der Finger des Glücks. Hütet euch, ihn zu verletzen. Fällt auch nur ein einziger Blutstropfen von ihm auf die Erde, saugen die Nivaschi, die Wassergeister ihn auf, und ihr werdet eines Tages ertrinken.

Der Mittelfinger ist der Finger der Toten. Muß ein Kind ohne ihn sterben, kehrt es als Vampir zurück. Aber auch wenn er einem toten Erwachsenen fehlt, hat der keine Ruhe im Grab. Höchstens, seine Verwandten haben ihm einen Mittelfinger aus Holz in den Sarg mitgegeben. Habt ihr jemand aus den Augen verloren und wollt wissen, wo er sich aufhält, laßt drei Blutstropfen des linken Mittelfingers auf den Nagel des rechten fallen. Aus der Beschaffenheit der entstehenden Flecke werdet ihr die Antwort erfahren.

Der Ringfinger ist unser Arzt. Umwickelt ihn bei Fieber mit einem roten Faden, und der Krankheitsschweiß tritt wieder in die Poren zurück. Der kleine Finger ist vorlaut und stiehlt. Deshalb wird er auch Kaschkeraka, Elster genannt. Wir haben ihn, um kleine, aber wertvolle Gegenstände unauffällig verschwinden lassen zu können.

Und nun, Leana, wiederhole mir das.«

33

Gaspar ist Leles Geliebter. Sie haben einander selten beachtet.

Eines Tages ist Leles Blick auf ihm liegengeblieben. Gaspar hat ihn im Nacken gespürt. Er war dabei, einen Wagen zu waschen, den er umfrisiert hatte.

Sie sind ein paarmal zusammen im Tageskino gewesen. Aber sie haben den Film nicht gesehen.

»Du bist kräftig und schön«, hat Gaspar gesagt.

»Du gefällst mir«, hat Lele geantwortet.

Fast jeder in der Sippe mißbilligt diese Verbindung. Aber Ruben hat keine Handhabe, weil Lele mit Radós ja nicht verheiratet ist.

Auch sagt sie, daß sie sich von ihm trennt.

Dennoch: Die Frauen verstehen es nicht. Ja, Lele ist schön. Aber um ihren Mund hat sich Strenge gesammelt. Es gibt liebreizendere Frauen; jüngere auch, ungebundenere aber vor allem. Keine spöttischeren, keine stolzeren, keine selbständigeren jedoch. Nein; Lele braucht keinen Mann.

Aber gerade das hat Gaspar gereizt. Es ist ihr Selbstbewußtsein gewesen, das ihn anzog. Er selber hatte zu wenig davon.

»Du gibst mir ab von dir«, hat er zu Lele gesagt; »du machst mich zum Ich.«

»Du hast die Frau wieder freigelegt in mir«, hat ihm Lele geantwortet. »Du hast die klügsten Hände dafür, die man sich nur vorstellen kann.«

»Und Radós –?« hat Gaspar gefragt.

»Noch mal«, sagt Lele: »*Wen* hast du da eben genannt?«

Gaspar blickt vor sich nieder. Er schweigt.

34

Vitus wiegt Gayda im Schoß und denkt an den Vater. Gayda ist noch nicht ganz ein Jahr; aber man sieht schon, sie wird seine Locken erhalten. Jorkan hat alles, was er hatte, ziemlich gleichmäßig auf seine Kinder verteilt. Irgendwie ähneln ihm alle.

Am meisten noch immer Kamill. Er hat den Silberblick und die Rauflust Jorkans erhalten. Und er kratzt sich auch genauso wie er; nämlich ausgiebig im Nacken. Einzig Leana wäre froh, hätte sie, statt seiner scharfen Mundwinkel, seine spöttischen Augen geerbt.

Aber die hat Koleman schon, und sie stehen ihm gut. Kein Wunder, daß er Jorkans Lieblingssohn war. Jorkan hat nur übersehen, daß der Spott in Kolemans Augen verdunkelt ist von eifersüchtigem Zorn.

Denn Vitus hat Jorkans Gang und Jorkans Lächeln geerbt. Und nun will er gar mit Jorkans Mulo noch reden! Koleman findet, Vitus könnte getrost zurückhaltender sein.

35

Abends, bevor die Feuer herabgebrannt sind, erzählt Baba Milina:

»Die Sache war so: Zuerst gab es die Erde; sie ist seit Urbeginn da. An Gott war da noch gar nicht zu denken. Der kam erst viele tausend Jahre danach.

O puro Del, der alte Gott, ist jedoch nicht alleine erschienen. Es hat sich o Bengt zu ihm gesellt; und ihr wißt: o Bengt ist der Teufel. Die beiden streiten sich häufig. Ja, sie kämpfen sogar miteinander. Denn das Gute muß erst erworben werden, es ist kein Gratisgeschenk.

Damals kamen die beiden jedoch miteinander noch aus. Allerdings war die Erde da ja auch noch vergleichsweise kahl und bot wenig Anlaß uneins zu werden.

Im Gegenteil, die zwei überlegten, wie sie sie ausschmücken könnten. O puro Del meinte, vielleicht mit ein paar Lehmfiguren erst mal zur Probe.

Sie machten sich unverzüglich ans Werk. O Bengt war sogar wesentlich gewissenhafter als Gott. Der experimentierte nur dauernd.

Deshalb hat auch der Teufel, wenn man ehrlich ist, die papuschas, jene Lehmfiguren, im Grunde ganz alleine gemacht.

Es wurden ein Mann, eine Frau, was er knetete. Doch er konnte tun, was er wollte: Die beiden bewegten sich nicht.

Und sie sprachen auch nicht miteinander.
Da blies Gott ihnen Odem und Sprache ein. Und sie atmeten und begannen miteinander zu reden. Und standen auf und sind spazierengegangen.
So wurden Damo und Yehwa geboren, wenn ihr's genau wissen wollt.«

36

»Unsinn«, sagt Baba Tamara; »dann wäre der Mensch ja ein Zufallsgeschöpf. Gott war jedoch an einer Spezialanfertigung gelegen. Gut, er hat Lehm genommen, Milina. Und hat ihn gewalkt und geknetet.

Der Teufel war beteiligt, sagst du? Weit und breit kein Teufel zu sehen. Und was soll er denn auch schon hier auf Erden, wenn noch kein Menschenherz schlägt, dessen Lauterkeit ihn verärgert?

So; Gott hat die Lehmfigur fertig. Ab in den Ofen mit ihr. Denn Lehm wird brüchig, Milina, brennst du ihn nicht.

›Ach, ich geh so lang ein bißchen spazieren‹, denkt Gott. Und schreitet dahin. Nach einer Weile fällt ihm wieder die Lehmfigur ein: ›Mein Gott! Beinah vergessen!‹ Und er zieht sie aus dem Ofen: Pechschwarz, völlig verbrannt. Er hat sie zu lang drin gelassen. Na schön, dann werden das irgendwann mal die Neger.

›Jetzt aber achtgeben!‹ denkt Gott. ›Ein zweites Mal passiert mir das nicht.‹

Und schiebt die zweite Figur in den Ofen. Zehn Minuten vielleicht: ›Schnell! Wieder raus!‹ Zu früh; sie ist bleich wie ein Wurm.

Gut, gut; da kann man dann vielleicht die Europäer draus machen.

›Alle guten Dinge sind drei‹, denkt Gott und schiebt die dritte Figur in die Glut.

›Jetzt aber aufgepaßt: Nicht zu lang, nicht zu kurz!‹

Und zögernd holt er sie wieder heraus. Sie ist von zartestem Braun.

›Na, bitte‹, denkt Gott; ›was für ein schöner Mensch! Ich nenn ihn Zigeuner.‹

37

Achtzig Kilometer wollen die Familien heute noch hinter sich bringen. Da läuft vor Ruben, der vorfährt, ein Wiesel über die birkenflankierte Chaussee.

Ruben hält an. Er stoppt auch die andern. Ein schlechtes Zeichen. Sie verfluchen das Tier.

Phurdini, Bläser heißt es bei ihnen. Denn das Wiesel faucht, wenn es wütend ist oder erschrickt.

Und dieses Fauchen erinnert an das Blasen des Windes. »Und der Wind«, sagt Baba Milina, »ist das Niesen des Teufels. Das stammt aus den Zeiten, wo wir noch Zelte aufschlugen. Da war uns niemand so feindlich gesonnen wie er, wie der Wind. Wir mögen ihn daher immer noch nicht. Und erst recht nicht seinen Abgesandten, das Wiesel.«

Ruben nickt.

»Es zwingt uns, die Richtung zu ändern. Tun wir es nicht, gibt es Ärger mit den Behörden.«

Mischga wiegt einen Stein in der Hand.

»Und wenn man dem *Wiesel* Ärger bereitet?«

Baba Milina droht ihm mit der geschüttelten Faust.

»Das wirst du seinlassen. Wir können kein Unglück gebrauchen.«

Aber da holt Mischga schon aus. Der Stein saust durch die Luft.

Das Wiesel krümmt sich fauchend, zittert erstarrt und liegt still.

Baba Milina bekreuzigt sich.

»Jetzt macht euch auf was gefaßt.«

Mischgas Hund winselt.

38

»Man kann es auch so formulieren.« Baba Tamara stopft sich die Pfeife neu und setzt sie mit einem schwelenden Holzspan in Brand. »Die Männerversammlung hat davon ausgehen müssen, Jorkan hat Adjam die Frau ausgespannt.

Adjams Hirn ist nicht imstande, sich etwas anderes auszumalen. Wenn Jorkan mit Cora in jenes Stadt-Café fuhr, dann war doch auch möglich, daß sie ihm ihr Leben erzählt und es mit ihrem jetzigen Dasein vergleicht. Und Jorkan hat Fragen gestellt und Schlüsse gezogen. Und begriffen, Cora fühlt sich nicht mehr als Frau.

Für Adjam war das alles viel einfacher«, sagt Baba Tamara. »Er verklagte Jorkan bei Ruben. Und Ruben berief die Versammlung ein. Was sollten die Männer jetzt tun? Sie erkannten auf Ehebruch. In derselben Nacht hat Jorkan Cora und die zwei Kinder zu ihren Eltern gebracht.

Der Zweikampf am Morgen war kein Gerichtsbeschluß. Er fand außerhalb unserer Rechtsprechung statt; sozusagen organisch. Der Zweikampf, für den die Männerversammlung sich entschied, stand noch aus. Doch sie erkannten diesen privaten stillschweigend an.

›Jorkans gebrochenes Schlüsselbein‹, sagte Ruben, ›soll ihn noch einmal vor dem Stammesausschluß bewahren.‹

Drei Wochen später hat man Jorkan gefunden; tot.«

39

Pinkas und Yehwa sind ein Paar. Nachdem sie einander zum ersten Male geliebt hatten, sind sie geflohen. Acht Tage blieben sie weg. Dann sind sie wiedergekommen. So muß es sein; so ist es Gesetz. Jetzt können die Eltern die Heirat aushandeln.

Pinkas und Yehwa kümmert das nicht. Sie gehen am liebsten miteinander spazieren. Sobald ein neuer Rastplatz erreicht ist, nehmen sie sich bei der Hand und sind weg. Am meisten schätzen sie Wälder. Bäume sind Brüder und Schwestern, wenn man verliebt ist.

Wie sie aus einer Umarmung erwachen, springt ein Eichörnchen über ihnen herum.

Inniger könnte der Wald sie nicht grüßen; das Ritual ist uralt: Das Eichhörnchen bringt Glück in der Liebe. Roman morga, Zigeunerkatze wird es daher von der Sinte genannt.

Nachts, am Feuer muß Yehwa lange warten auf Pinkas.

Dann kommt er. Und setzt sich. Stellt den mitgebrachten Blechteller ab. Weist auf das kleine würzig gebratene Tier.

»Laß es dir schmecken. Gar nicht so einfach gewesen, es zu erwischen. Flitzte dauernd um die Stämme herum.«

Lächelnd beginnt Yehwa zu essen.

Pinkas freut sich, wie es ihr schmeckt.

40

Radós kann Lele auswendig. Er hat sie im Laufe der Jahre zu buchstabieren gelernt. Er liest auch in ihr; aber weniger zügig. Ihm liegt die Einzeleigenschaft mehr: Leles Fleiß. Leles Disziplin. Leles Ernst. Er setzt das zum Foto der Großen Schwester zusammen. Das heißt: Er rechnet mit ihr. Er verläßt sich auf sie. Auf ihre Selbständigkeit. Auf ihre Lebenserfahrung. Auf ihren Anspruch, den sie an ihren Alltag stellt.

Er weiß, da ist Gaspar. Aber wenn er vom Schrotthandel zurückkommt, ist Lele bei *ihm.* Sie reist in *seinem* Wagen. Sie steht an *seinem* Herd. Sie schaltet *seinen* Fernseher an. Sie schläft nur eine Armlänge von ihm entfernt.

Wenn er mit seinem LKW unterwegs ist, um Schrott aufzukaufen, löst sich aus Buntmetallbergen manchmal ihr Bild. Er sieht sie konzentriert und gesammelt. Immer gibt er ihr in seinen Wachträumen etwas zu tun. Er hat Angst, sie sich ausgeruht vorzustellen. Ruhe hat er sie niemals gelehrt.

41

Doch; etwas ist zurückgeblieben; diese Bewegung: Baba Tamara streicht sich auch dann eine Haarsträhne unter das Kopftuch zurück, wenn gar keine Strähne herabgerutscht ist. Das stammt noch aus der Konzentrationslagerzeit. Tamara hat sich an jene Geste gewöhnt, nachdem man sie kahlgeschoren hatte. Es sollte eine Erinnerung sein.

Denn ihr Haar war dicht und ist ihr immer tief auf die Schultern gefallen. Es sah schön aus, wenn ihr eine Strähne über die Wange wehte. Die Männer haben das immer gemocht. Nur einer mochte es nicht, Tamaras Mann. Sie lächelt, wenn sie an ihn denkt.

»Cyrill«, sagt sie, »ist im Rauch aufgestiegen, ein Fliegengewicht. Leichter ist kein Sinto gen Himmel gefahren.«

Und immer, wenn sie sich das unsichtbare Haar so zurückstreicht, gibt der herabrutschende Ärmel auch wieder die Zahl frei; sie hat fünf Stellen.

»Ich weiß«, sagt Baba Tamara; »aber Leukoplast drüberkleben? Sieht das nicht aus, als hätt ich mir den Unterarm an einer Brombeerranke geritzt?«

42

Jan und Vitus gehen nachts schwimmen. Der Baggersee wäre näher gewesen als der Kanal, in dem sie jetzt treiben. Aber in dem Baggersee haben auch Gadsche-Frauen gebadet, und Frauen machen das Wasser prasto, das sie berühren. Ein Sinto badet daher auch nicht mit eigenen Frauen zusammen. Und die Jungen auch nicht mit den Mädchen.

»Obwohl es schön wäre, ihnen zuzusehen«, sagt Jan.

»Es erregt«, sagt Vitus. »Ich habe gestern Grikslas nackten Rücken gesehen. Du glaubst nicht, was ich mir für Vorwürfe mache.«

»Hast du es ihr denn gesagt?«

»Um Gottes willen. Es war doch nur ein Versehen.«

Über die Brücke vor ihnen rast ein erleuchteter D-Zug hinweg.

»Die Scham hilft uns«, sagt Jan.

Vitus schweigt.

Das Wasser liebkost seinen Schoß.

43

Worscha sitzt im schaukelnden Wohnwagen und rupft ein Huhn. Sie sortiert: Die Schwanzfedern sind für einen Staubwedel gut. Aus den Flügelfedern wird ein Krümelbesen gemacht. Die Rückenfedern geben einen Flaschenreiniger ab. Die Brustfedern lassen sich als Kissenfüllung verwenden.

Draußen, hinter den Klöppelgardinen, ziehen die Chausseebäume vorbei. Die andern sind schon vorgefahren, Gaspar und Kukas auf ihren Traktoren nehmen sich Zeit.

Worscha geht mit Jorkan über ein frisch geschnittenes Roggenfeld. Jorkan hat sich bei einem Bauern ein Ersatzteil für sein Auto bestellt. Die Stoppeln sind noch voll Saft. Jedesmal, wenn Worschas Fußsohle über sie hinstreicht, spürt sie, spritzt es ihr prickelnd gegen die Waden. Sie hat ein Huhn gefangen vorhin, jetzt baumelt es ihr zwischen den Knien.

Worscha ist die beste Hühnerfängerin unter den Frauen. Die Hühner hören auf sie, wenn sie sie lockt. Seit Jorkans Tod gräbt Worscha jedes Huhn erst anderthalb Tage lang ein. Das ist die Frist, die sie neuerdings braucht, um mit den Bauern zu reden.

»In allen Dörfern«, sagt Worscha, »dasselbe:
der Fuchs.«

Überall sei er, in der Erntezeit jetzt, auf die Hühner versessen. Sie warnt die Bauern davor, die Hühner auf die abgeernteten Felder zu scheuchen. Und die Bauern sind dankbar dafür und lassen auch gleich ihr Vieh von Worscha besprechen.

Jorkan hat sie immer gelobt. »Deine Schwester«, hat er zu Romeika gesagt, »ist nicht nur tüchtig, sie hat auch Verstand.«

Worscha zieht die Mundwinkel herab und starrt auf ihre rissigen Zehen. Die Nägel sind gelb wie Kieselsteine und abgeschliffen vom Laufen; sie hat sich noch nie aufs Tragen von Schuhen verstanden.

Jorkan mochte das.

»Es gibt dir einen ganz besonderen Gang.«

44

Papo Mihailo wußte einst viel. Jetzt hat er die Einfalt des Alters. Jedoch seine Märchen werden noch immer geschätzt. Er hat sie bestimmt schon Dutzende von Malen erzählt. Aber es ist wie mit alten Bekannten, man freut sich sie wiederzutreffen.

Papo Mihailo erzählt sie nur nachts. Feuer und Mondlicht versehren sie nicht. Es ist die Sonne, die den Märchen die Markknochen bricht. Denn sie werden schon hunderte von Jahren weitergereicht; da dörren die Säfte, da wellt sich die Haut.

»Erzähl vom Ende der Welt«, sagt Vataf und rückt sich zurecht.

»Am Ende der Welt«, sagt Papo Mihailo«, da klafft ein riesiges Loch. Das hat ein Riese da reingeworfen. Aber *wir* können da auch hingelangen. Es gilt jetzt nur die Vorschrift zu wahren. Und die Vorschrift geht so: Wir brauchen ein Hahnengespann. Und wir brauchen ein leichtes Gefährt. Die Hähne dürfen nicht abgekämpft sein. Wehe, sie haben schon mal eine Henne besprungen! Dann nimmt der Fuchsdrachen sich des Reisenden an. Sein Glutatem setzt ganze Wälder in Brand.

Wir folgen dem Laufe der Sonne. Sie bricht sich in Feder und Kamm. Dort glänzt jetzt das Loch. Schwarz ist es und riesig. Umnebelt von schwelendem Dampf. Die

Hähne flattern hinab. Ihr fliegt ihnen nach – Wochen; wenn nicht Monate gar. Dann setzt ihr auf im Innern der Erde, in Nacht. In der schwärzesten Nacht, die sich nur vorstellen läßt. Denn es ist das Reich der Finsternis, das ihr von nun an durchquert, abermals Monate lang.

Irgendwann erhellt es sich wieder und vor euch liegt, mit Totenköpfen geschmückt und von uneinnehmbaren Mauern verdeckt, das Schloß des menschenfressenden Kaisers; an den Knochen kenntlich, die er täglich, nach der Mahlzeit, vom Söller herabwirft.

Jetzt kommt es darauf an, unter all diesen Knochen den einen vergoldeten herauszufinden, der in sämtliche Türschlösser paßt. Denn ich nehme doch an, ihr wollt den Kaiser bekriegen. Dazu muß man allerdings wissen«, schließt Papo Mihailo, »daß noch jeder, der den vergoldeten Knochen gesucht hat, mit vollem Namen auf der Speisekarte des Kaisers erschien.«

45

Kaum war Jorkan begraben, hat Adjam sich auf die Reise gemacht. Acht Wochen lang mußte er suchen, bis er jenen Stamm der Kalderas fand. Ursprünglich wollte er Cora mit den Kindern entführen. Doch er mochte nicht der Veranlasser einer Stammesfehde sein. So ist er zum Rechtsprecher gegangen. Der beriet sich mit Ruben.

Jeder der beiden berief die Männerversammlung ein. Die Versammlung der Sinti beschloß: Cora hat wiederzukommen. Unter einer Bedingung: Sie paßt sich dem Tagesablauf einer Sinte-Frau an; sie wird eine echte Sintizza. Die Versammlung der Kalderas befand: Da Adjam seine einschneidende Veränderung nicht bekanntgemacht habe, sei der Kaufpreis neu zu entrichten. Und dazu noch eine Bedingung: Coras Kinder gehörten weiterhin dem Stamm der Kalderas an.

So kommt es, daß Cora nun wieder abwesend auf dem Treppchen von Adjams Wohnwagen sitzt. Vielleicht wird sie tatsächlich morgen früh findengehen, mit den anderen Frauen zusammen.

46

Gaspar will Lele ganz. Er wünscht sie an seiner Seite zu haben. Er möchte sich ihres Glücks vergewissern. Nachts soll ihr Atem seine Lippen berühren. Tags, wenn sie reisen, soll sie neben ihm sitzen. Sie soll nicht mehr abgelenkt sein. Es soll sich erfüllen, was sie angesagt hat. Gaspar will Zukunft haben mit ihr.

Doch Lele ist einzig die Gegenwart lieb. Und Gaspar hat übersehen, daß die auf der Vergangenheit ruht. Die einen Männernamen trägt. Doch Gaspar hat noch mehr übersehen. Er hat übersehen, daß man einer Frau wie Lele seine Wünsche nicht sagt; sondern nur hoffen kann, daß sie sie selber einst hegt. Selbständigkeit verträgt fremde Wunschträume nicht. Sie verwechselt sie mit Forderungen. Sie unterstellt ihnen, daß sie einengen wollen.

An derlei hat *Radós* noch niemals gedacht. Er hat sich auch noch nie zu einer Zukunftshoffnung verstiegen. Der Schrotthandel hat ihm die Endlichkeit nahegebracht. Er denkt über den Tod nach. Gaspar dagegen, Gaspar kommt aus dem Leben. Und da das Leben verliert, muß auch Gaspar verlieren: Lele zieht sich wieder zurück. Ihr Geliebter hat ihr den Wert einer eheähnlichen Verbindung nahegebracht. Radós hat Grund, Gaspar dankbar zu sein.

47

Slava hat es geahnt. Jedesmal, wenn es Stamlo bevorstand, hätte sie es voraussagen können. Nicht genau auf die Stunde; auf den Tag jedoch schon. Nichts an Stamlo ist dann verändert. Sein Gang ist genauso unentschlossen wie stets, die Art sich zu bewegen, ebenso fahrig wie immer.

Er redet. Er lallt. Er geht im Lager umher. Er knallt mit seiner traurigen Peitsche. Er schlägt die Wagen, die Bäume. Doch es ist an solchen Tagen etwas Gläsernes um ihn. Slava sieht ihn in gleißende Silberfäden gewickelt. Sie zerreißen bei jedem Schritt, den er tut.

Slava könnte es sagen. Aber sie schweigt. Sie kann es sogar wieder vergessen. Denn es hindert beim Findengehen, ständig daran denken zu müssen.

Wenn sie wahrsagt jedoch, ist es da. Sie sieht nicht ein, warum andre es guthaben sollen, wenn Stamlo es schlecht hat; von ihr erst gar nicht zu reden. Man muß ein ziemliches Aufgeld bezahlen, um sie zu einem Gegenzauber zu bewegen, der das Angekündigte aufhebt.

Heute hat niemand einen Gegenzauber erhalten. Heute hat Slava nur Unglück verkündet. Denn heute morgen haben die gläsernen Fäden um Stamlo, wie sie zerrissen, schon beinah geklirrt. Slava hat den ganzen Tag gewußt, was sie erwartet. Sie ist deshalb nicht früher, nicht schneller ins Lager gekommen; nur schwerer. Trauer in den Füßen. Zorn in jedem Gelenk. Sie hat, außer Stamlo, fünf Kinder. Stamlo wiegt sie alle fünf auf.

Niemand versteht das; am wenigsten Sander. Er ist zu Vataf hinübergegangen, als Jan und Vitus ihn brachten. Stamlo ist so alt wie Vataf, und Vataf ist dreißig: Ein schöner, tüchtiger junger Mann, der Geld für ein eigenes Auto zurücklegt. Stamlo aber kaut an den Nägeln, der Speichel fließt ihm über das Kinn, er redet irr; und ständig quält ihn die Fallsucht.

48

Morenka ist mit einem Kind nach Hause gekommen. Als sie zum Findengehen aufbrach am Morgen, hat sie es noch in sich getragen. Nina und Dikeli haben ihr aus Hafergarben ein Kindbett gebaut. Morenka ist eine Nacht lang drin liegengeblieben.

Sie hat in die Sterne geblickt. Und gesagt: »Wie gut, daß es nicht im Wohnwagen kam. Vataf hätte darauf bestanden, daß er verbrannt worden wäre; denn ich hätte den Wagen ja unrein gemacht.«

Um aber auch selbst nicht unrein zu werden, hat sie kein Wochenbett mehr in Anspruch genommen. Der jüngste Sinto im Lager liegt jetzt unter einem Kornblumenstrauß. Baba Milina wacht darüber, daß Vataf die Tochter nicht früher als nach drei Tagen berührt; so will es der Brauch.

49

Hanenka ist schön. Das sagt sogar Baba Milina. Und Baba Milina versteht sich auf Schönheit. Denn sie wacht über die Tugend im Lager und weiß, im Handel bringt Schönheit nichts ein. Nämlich die Frauen sind neidisch auf sie, und Männer lenkt Schönheit nur ab. Beides schlägt sich in schlechten Bettel-Ergebnissen nieder, wofür Hanenka fast täglich ein Beispiel erbringt.

Dafür hat Hanenka andre Erfolge. Sie haben mit den Pfiffen der Bauernburschen zu tun. Hanenka erfreut das; ihr Gang, ihre Hüften erfreuen sich mit. Sie wünscht nur, man werde es endlich auch in der Sippe begreifen, wie draußen gewürdigt wird, was man drin übersieht.

Denn Hanenka kann tun, was sie will, sich schmücken, sich schminken, sich kleiden, sich kämmen: die jungen Männer im Lager beachten es nicht. Sie lächeln sie an, wie sie ihre Schwester anlächeln. Sie reden mit ihr wie mit den verheirateten Frauen. Dabei ist Hanenka erst siebzehn. Doch Romeika weiß, sie hätte längst versprochen sein müssen.

Aber ein liebender Vater mit spöttischen Augen, sagt Baba Tamara, ist schlimmer als ein bissiger Hund. Als Jorkan noch lebte, hat er keinen der Jungen für Hanenka gemocht. Über jeden von ihnen hat er sich lustiggemacht; Hanenka haßt ihn dafür noch heute. Denn nun, da er tot ist, haben die Jungen sich an Hanenka wie an ein unerschwingliches Auto gewöhnt: Man nimmt es wahr, es gefällt einem auch, aber niemand setzt sich ans Steuer.

Hanenkas Mundwinkel werden manchmal schon scharf. Sie sieht sich die andern jungen Mädchen an, Yehwa vor allem. Yehwa hat sanfte Bewegungen, flicht sich rote Bänder und Glasperlenketten ins Haar und hat eine leise und unaufdringliche Stimme. Dennoch, findet Hanenka, ist schwer zu verstehen, was einen traurig-fröhlichen Jungen wie Pinkas so an sie bindet. Er hätte mehr als Yehwas Einfaltslächeln verdient.

50

Mit der Namensgebung lassen Morenka und Vataf sich Zeit. Denn der bürgerliche Namen des Kindes sagt wenig. Der ist für die Behörden gut. Der kann so geschrieben werden und so. Den darf getrost auch der Pfarrer aussprechen.

Kein Sinto wird den andern mit diesem Namen anreden.

»Sondern worauf es ankommt«, sagt Baba Milina, »das ist der romano lab; der Name, den wir Roma uns geben. Mit dem ein Zigeunerkind *wird,* was es vom Charakter her *ist.* Das kann man aber erst sagen, wenn das Kind sich mit dem vertraut zu machen beginnt, was es umgibt. Das hat Zeit. Denn es ist wichtig, daß der wahre Name ihm paßt wie ein maßgeschneidertes Hemd. Diesen Namen gibt es noch nicht; Vater und Mutter werden ihn gemeinsam erfinden. Gut, es gibt auch Sinti, die ihn dem Deutschen entleihen; ›Karl‹ sagt ja auch etwas aus. Aber wir sollten mit dem Deutschen zurückhaltend sein; aus dem Romani werden schönere Namen gebaut. Lustigere, treffendere dann aber auch. Sie schmecken, wenn man sie spricht. Und sie stimmen vor allem; Kaschkeraka zum Beispiel heißt die Tante Django Woitschachs. Denn sie ist schon als Kind so schwatzhaft wie eine Elster gewesen. Und da Schwatzhaftigkeit zunimmt, wächst Kaschkeraka immer mehr in ihren Elsternamen hinein. So soll es sein.«

Mutter Morenka hat da Vataf auch schon einen Vorschlag gemacht. Das Kind mag geriebene Mohrrüben gern. Und es schmatzt verzückt, zeigt man ihm eine. Da es nun langsam auch selber die Farbe einer Mohrrübe anzunehmen beginnt, ist Merki als Name vielleicht gar nicht so falsch. Denn Merki heißt Möhre.

51

Es ist nicht nur Pinkas, den Hanenka bedauert. Es sind *alle* jungen Männer im Lager. Alle hätten sie mehr verdient, als die andern Mädchen fähig sind, ihnen zu geben. Ob man da an Jan oder Ely denkt, an Kringla, Dindly oder gar Bela.

Nein, Hanenka hat es jetzt satt, so unbeachtet zu bleiben. Sie wird ein Zeichen setzen. Sie wird auf sich aufmerksam machen.

Die Bauernburschen, die Romeika, Worscha und sie durch die Felder begleiten, spielen schon unwissentlich mit. Noch haben sie sich nicht bis ans Lager gewagt. Aber Romeika hat es bereits Baba Milina gesagt. Und was man Baba Milina sagt, kann man auch einem Häher anvertrauen. Mit Genugtuung nimmt Hanenka nachmittags, wenn sie vom Findengehen zurückkommt, die argwöhnischen Blicke wahr, die die Männer jetzt hinter ihr ins Unterholz werfen.

Vielleicht hätte sie sich damit begnügen sollen. Denn die zwei Bauernburschen legen es anders aus, wie Hanenka sie bittet, sie noch bis zum Wald zu begleiten. Sie zerren sie plötzlich zu Boden. Hanenka will schreien, sie hat den Mund voller Sand.

Die beiden halten sie fest. Der eine zerreißt ihr die Bluse. Der andre zerfetzt ihr den Rock. Sie schlägt um sich. Sie bekommt einen ihrer Schuhe zu fassen. Sie holt aus. Der Getroffene preßt sich die Hände gegen die Augen. Der zweite drischt auf sie ein. Hanenka tritt ihm unter das Kinn. Sie springt auf. Sie rast im Zickzack hinüber zum Wald. Keuchend, halbnackt bricht sie zwischen den Wagen zusammen.

52

Jetzt wird es sich erweisen, wozu ein Rechtsprecher gut ist. Ruben Golbatschenski holt die Männer zusammen. Sie treten ihre Zigaretten aus und hocken sich neben Ruben an eines der Feuer.

Adjam schiebt seinen Handgelenkriemen zurecht.

»Wir haben die Personenbeschreibung. Wir wissen, in welchem der Dörfer sie wohnen.«

Django spuckt seine Handfläche an und fährt sich mit ihr übers Haar; es will schon wieder nicht liegen.

»Adjam«, sagt er, »hat vergessen, was für Cora zu tun. Er ist Hanenka jetzt dankbar, daß er das nachholen kann. Nur, für Adjam sind die Gadsche die Falschen.«

Adjam will aufspringen. Gaspar und Mischga halten ihn fest. Mischga sagt:

»Wir haben nichts Besseres als unsere Frauen. Wenn meiner Tochter Hucka so was passierte –: Rechtsprecher, ich hätte Sie nicht erst nach einem Ratschlag gefragt.«

Ruben hört auf, mit den Schaumünzen an seiner Uhrkette zu spielen. Er lächelt. Er sagt:

»Ich weiß.«

»Hanenka ist die Tochter meines Bruders«, sagt Sander und befühlt an der Innenseite des Oberschenkels die Stelle, wo das Rasiermesser steckt. »Wenn hier einer zuständig ist, dann bin ich es.«

»Ihr seid alle zuständig«, sagt Papo Mihailo. »Wer die Ehre unserer Frauen verletzt, in den verliebt sich das Messer. Gesetz ist Gesetz.«

»Capité«, sagt Vataf und spuckt in die Glut.

Django schüttelt den Kopf.

»Doch merkwürdig, daß jetzt vor allem *die* eingreifen wollen, die entweder keine Frauen mehr haben oder mit der eignen zu nachsichtig waren.«

»Gewisse Leute hier«, sagt Papo Mihailo, »sollten sich wohl erst mehr Achtung vorm Alter erwerben.«

»Du sagst es, Papo.« Gako Koslowski zupft aus seinem Kräuterbündel ein paar Sauerampferblätter heraus und beginnt sie zu kauen. »Trotzdem reden wir alle an der Sache vorbei. Die Untersuchung Baba Milinas ergab: Hanenka hat ihre Ehre behalten.«

»Der Versuch, sie ihr zu nehmen, zählt soviel wie die Tat.« Kukas sieht sie alle der Reihe nach an. »Gut –: Es gibt den Einwand, sie hat die Gadsche gereizt. Dazu sage ich: Wenn ich dich reize, Adjam, kannst du mich warnen. Habe ich recht?«

Adjam schweigt. Er starrt Django an.

Gaspar sagt:

»Wenn mich ein Pferd schlug, habe ich es wiedergeschlagen. Woher soll ich wissen, was es an mir nicht mag?«

»Ich mag die Gadsche auch nicht«, sagt Chrapos. Er behaucht seine Ringe und putzt sie am Ärmel. »Aber ich handle mit ihnen.«

»Es geht hier nicht um den Handel«, sagt Backo. »Es geht auch nicht um Hanenka. Worum es geht, ist: Können unsere Frauen und Töchter sich auf uns verlassen oder können sie es nicht.«

Vataf lauscht argwöhnisch auf einen Häherschrei im Wald. Dann sagt er:

»Ich glaube, daß sie es können.«

»Sie haben es gehört, Rechtsprecher«, sagt Papo Mihailo. »Das waren unsere Meinungen. Jetzt sagen Sie Ihre.«

Ruben zieht seine Uhr.

»Es wird in drei Stunden dunkel. Warum sind wir noch hier?«

53

Worscha schnitzt an einem Qirl während der Fahrt. Sie vermeidet es, zu Romeika hinüberzublicken. Romeika wiegt sich unablässig in den Hüften und summt. Sie singt aber nicht, es ist ein Gebet. Sie will freigesprochen werden von der Schuld, Hanenka nicht begleitet zu haben. Worscha ist frei von Schuldgefühlen. Die Blume, die Bienen anlockt, hat es sich selbst zuzuschreiben, wenn sie bricht.

Hanenka richtet sich auf. Sie ist noch nicht fertig mit dem, was die Gadsche ihr angetan haben, Worscha sieht es ihr an.

Ja, sie ist schön. Die Tochter Jorkans. Selbst Baba Milina, die ihr die Stirn gekühlt und versucht hat, Melalo zu bannen, weicht betroffen vor ihr zurück.

Hanenka sucht Worschas Blick. Von Baba Milina will sie nichts wissen. Baba Milina hat Schuld, daß Hanenka die Unschuld als Brandmal empfindet.

Hanenka versucht, das federnde Schwanken um sich herum zu begreifen. Sie fragt:

»Nicht wahr, man hat es gesühnt? Wir sind unterwegs, weil unsere Männer es den beiden gezeigt haben, ja?«

Koleman schweigt. Kamill blickt vor sich nieder. Leana sortiert hastig die Kissen.

»Nein«, sagt Worscha. »Wir sind unterwegs, weil wir einen ängstlichen Rechtsprecher haben. Der Geist

Jorkans, Hanenka, ist tot. Er hat ihn keinem der Männer vererbt.«

Von vorn, vom Rücksitz des Traktors her, kommt Vitus herein. Er bringt Herbstgeruch mit. Vitus streicht sich das Haar aus der Stirn. Er bläht ein wenig die Nüstern. Er sagt: »Ihr habt von Dad gesprochen; ich spür es.«

54

Ruben hat haltmachen lassen. Es ist das günstigste Lager seit langem. Eine verlassene Ziegelei, trocken und windgeschützt. Weit genug, und doch wieder nicht *allzu* weit, eine Mergelgrube mit bleichem Wasser darin. Und überall noch die Holzgestelle, auf denen die Ziegel hart werden sollten. Die Streben so morsch, daß die Frauen sie überm Knie brechen können. Es wird schnelle Feuer geben.

Aber kein Fernsehen, kein Lachen. Denn es ist ein Wagen verlorengegangen; der große amerikanische mit den verchromten Flossen, den Chrapos sonst fährt. Diesmal hat ihn Bela gefahren; im Fond haben Ely, Dindly und Kringla gesessen. Ein Zufall, so scheint es.

Aber wenn Chrapos nachdenkt, haben ihn seine Söhne eigentlich richtig vom Steuer verdrängt. Und Nina und Weiberle können sich nicht erinnern, Dindly und Kringla je so höflich erlebt zu haben. Weiberle sagt:

»Sie meinten, die Sitze seien zu durchgesessen. Wir sollten doch in *ihren* Wagen einsteigen.«

Dindly und Kringlas Wagen ist der Ford ihres Vaters, und ihr Vater ist Ruben.

Die beiden Väter lehnen an einem Mauerrest und versuchen in dem erregten Stimmengewirr die Stimme der Angst nicht hören zu müssen.

»Ein abgekarteter Plan«, sagt Baba Tamara. »Kommt mir bloß nicht und redet von Panne.«
»Das Wiesel«, sagt Baba Milina. »Habt ihr vergessen, daß Mischga das Wiesel umgebracht hat?«

55

Adjam schnallt sich den Lederriemen am Handgelenk enger. »Was warten wir noch? Sollen uns diese Kindsköpfe wirklich beschämen?«

Chrapos fühlt, wie die Kälte der Steine durch den Jackenstoff in die Schulterblätter zu dringen beginnt. Er stößt sich mit dem Gesäß ab. Er keucht:

»Ich verbiete dir, so von Bela und Ely zu reden!«

»Trotzdem –« Kukas faltet lächelnd seine drei Kinne. »Du wirst zugeben müssen, Belas Messer sitzt locker. Denk dran, wie Jorkan ihn zurechtweisen mußte.«

»Laß diesen verdammten Jorkan hier raus!«

Chrapos schluckt. Sein Schnurrbart zittert.

»Komm«, sagt da Ruben. »Wir holen unsere Söhne zurück.«

Papo Mihailo schlägt mit der Faust auf den Kühler. Er schreit:

»Ein Rechtsprecher verläßt seinen Stamm nicht!«

»Stimmt«, sagt Ruben aus dem heruntergekurbelten Fenster. »Nur, ein Stamm ist so stark wie seine verletzbarste Wurzel. Ich will nichts als, zusammen mit Chrapos, verhindern, daß diesem Stamm jetzt ein Unglück geschieht.«

Die Männer treten zur Seite. Die Frauen bekreuzigen sich.

Der Wagen fährt an.
»Wenn wir bis morgen früh nicht zurücksind«, ruft Chrapos, »dann sucht uns!«
Baba Tamara spuckt ächzend einen Tabakstrahl aus.
»Und so redet mein Liebling. Als spielten sie mit den Gadsche Verstecken.«

56

Am Dorfrand hält Ruben an. Im Mondschatten einer Rübenmiete steht ein Auto. Chrapos muß sich nicht erst überzeugen; er hätte seinen Wagen auch unter einem Strohhaufen wiedererkannt.

Die Frauen haben recht; es ist ein Dorf, in dem der Hausbettel lohnt. Hanenkas Beschreibung stimmt auch: Hohe weiße Fachwerkhäuser; Wohntrakt und Scheune in einem. Die Vorderfronten mit Kletterrosen und Glyzinien berankt. Das Laub schon verfärbt.

Es ist Samstag. Die großen Höfe so leergefegt, daß man im Mondlicht nicht mal mehr eine Hühnerfeder entdeckt.

Und jetzt auch die Kirmesmusik.

Gadschezeit ist nicht Zigeunerzeit. Trotz der Kühle sitzen die Alten noch draußen. Ihre Gespräche verstummen, wie Chrapos und Ruben die breiten Lichtgevierte durchqueren, die aus den Fenstern auf die Dorfstraße fallen.

Einmal schickt man ihnen einen heisergebellten Schäferhund nach. Chrapos spannt die Gesäßmuskeln an; er glaubt, die hechelnde Schnauze des Hundes in den Kniekehlen zu spüren. Ruben kennt die Rasse noch aus dem KZ.

Sie brauchen sich nur nach dem Lärm der Kirmes zu richten.

Die hellerleuchteten Stände lassen das Mondlicht

verblassen. Es sind auch aus den Nachbarorten Besucher gekommen. Das Gedränge zwischen den Buden ist groß.

Ruben hat sich den Mützenschirm in die Stirne gezogen. Er bedauert, daß er die Kette mit den Münzen nicht abgelegt hat. Auch die Ohrringe hätte man besser im Wagen gelassen. Aber sicher ist es das nicht allein, was so vielen die Mundwinkel krümmt.

Chrapos schwitzt vor Erregung. Dabei ist er den Umgang mit den Gadsche gewöhnt.

»Und wenn sie sie nach Hause verfolgt haben? Und es ist schon passiert –?«

Ruben spuckt die erkaltete Zigarette aufs Pflaster. Er blickt zur Schießbude hin. Eine Menschenmenge hat sich vor ihr gestaut. Man hört den Beifall, die scheppernden Schüsse.

»Zeigt's den Zigeunern!« schreit eine Stimme.

Ruben und Chrapos drängen sich hin.

57

Chrapos zieht den Kopf zwischen die Schultern. Er benutzt die Schultern als Ramme. Man stößt sie, man tritt ihnen gegen die Beine. Dann bleiben sie stecken. Nah genug jetzt jedoch, um alles überschauen zu können.

Zwischen zwei Gadsche und Bela und Ely ist ein Wettschießen im Gange. Dindly und Kringla scheinen schon ausgeschieden zu sein. Sie stehen eingepfercht in der Menge. Kringlas Kaumuskeln arbeiten; er beißt die Zähne zusammen.

Selbst wenn man den sommersprossigen Bauernburschen nach Hanenkas Schilderung nicht wiedererkennen würde: Wer die beiden sind, ist schon daran zu merken, wie argwöhnisch sie von Kringla und Dindly beobachtet werden.

Bela geht in Anschlag. Er zielt auf eine vorbeiziehende Blechfigur. Er sagt:

»Jetzt knall ich einen von denen über den Haufen, die denken, unsere Frauen sind Freiwild.«

Er schießt. Die Blechfigur kippt.

Nun ist wieder der Sommersprossige dran. Er schluckt. Er geht in Anschlag. Er sagt:

»Und ich leg einen von diesen dreckigen Zigeunern hier um.«

Er schießt. Die Blechfigur kippt.

Bela schiebt Ely, der das Gewehr hebt, beiseite. Er sagt auf Romani: »Laß mich erst *den* fertigmachen.«

Er nimmt Druckpunkt. Er sagt auf deutsch: »Schweine schießt man aufs Blatt.«

Er zieht den Hahn durch. Die Blechfigur kippt.

Der Sommersprossige zittert. Plötzlich richtet er sein Gewehr gegen Bela. Ely reißt es ihm weg.

Bela hat sich geduckt. In seinem Rasiermesser spiegeln sich die Glühbirnen wider.

»Los; gebt ihm was zu schneiden, dem Knaben.«

Einer wirft dem Sommersprossigen ein Klappmesser zu. Der fängt es. Läßt die Klinge vorschnellen.

»Komm.«

58

Der Kreis erweitert sich. Chrapos und Ruben werden zurückgedrängt.

»Schnell«, keucht Ruben; »tu, als seist du betrunken.«

Chrapos begreift. Er brüllt los, er schüttelt Ruben. Er stößt ihn vor sich her in den Kreis.

Ruben taumelt. Stolpernd schwankt er auf Bela zu; fällt, reißt ihn fast mit.

Die Umstehenden lachen.

Ungehalten senkt Bela das Messer. Die hellen Peitschenstriemen auf seinen Wangen färben sich rot.

»Müssen Sie sich hier zum Gespött machen? Wir verteidigen die Ehre des Stammes, und Sie –?«

Ruben stützt sich wankend auf Kringla und Dindly. Er richtet sich auf. Er sagt leise:

»Bei unsern Vorfahren –: Kommt.«

Jemand wirft eine Tomate. Sie zerplatzt in Rubens Gesicht. Die Zuschauer grölen. Sie zerren Chrapos den breitrandigen Hut über die Ohren. Sie drehen ihn um die eigene Achse, bis Ely den Keuchenden auffängt.

Ruben wischt sich den Tomatensaft aus den Brauen. Er sieht: Jetzt lachen auch die zwei Schützen. Man kann gehen.

59

Slava hat in dieser Nacht ein Gesicht. Sie ächzt. Sie wirft sich herum.

Sander, der neben ihr liegt, nimmt sie fest in den Arm.

Slava blinzelt ins Licht. Es flackert vor den Ikonen.

»Ich bin ihm gleich nachgerannt.«

Ihre Schläfen glänzen vor Schweiß.

»Deine Augen rollten voraus.« Sander sieht sie aufmerksam an. »Obwohl du sie geschlossen hieltest –: Man hat es deutlich gesehen.«

»Ich habe ihn zurückholen wollen«, sagt Slava. »Aber Stamlo war schneller. Er hatte ihn schon erwürgt. ›Ich tu's für Hanenka‹, hat er gesagt.«

»Dort liegt er«, sagt Sander und nickt zur zweiten Matratze, auf der Stamlo sich zwischen den kleineren Geschwistern ausgestreckt hat. »Wie soll er hier wegkommen? Er verirrt sich doch schon zwischen den Wagen.«

Slava beugt sich hinüber. Sie streichelt Stamlo die Wange. Es ist die Wange eines dreißigjährigen Kindes.

»Das Dunkle in ihm ist nur sein Geist. Stamlo selber ist hell.«

»Schau, wie er den Peitschenstiel hält«, sagt Sander. »Hat er ihn sich nicht zwischen die Schenkel geklemmt wie das Bein einer Frau?«

»Was willst du«, sagt Slava; »schließlich ist er ein Mann.«

Sander bekreuzigt sich vor den Ikonen.

»Ja –?« fragt er; »weißt du's *genau*?«

60

Gaspar kann etwas, das nur wenige können. Gaspar kann lernen, ohne sich verändern zu müssen. Er wirbt um Lele. Ob um ihr Lächeln, ob um ihre Gunst, daß läßt er *sie* jetzt entscheiden.

Und siehe –: Ohne sich von Radós zu lösen, nähert Lele sich wieder ihrem Geliebten. Denn auf ihre Art hat sie nicht aufgehört, ihn zu mögen. Sie will nur keine Beeinträchtigung ihres Lebenszuschnitts erdulden.

Und der scheint ihr vollauf gelungen. Nur diese plötzlichen Tränenergüsse vermag sie sich nicht zu erklären. Denn ist es nicht wunderbar, aus den Armen des Liebhabers unters Wagendach solider Gewöhnung zu wechseln? Eben noch den Atem des Geliebten im Ohr, jetzt den Müdigkeitsseufzer des Lebenspartners vernommen? Hier die lange Vertrautheit auswendig gekonnter Freundschaftsbezeugung, dort das Ungewohnte neu geschenkter Sinneseindrücke?

»Lele«, ächzt Baba Tamara, »ist echt zu beneiden.«

»Gut, gut«, sagt Baba Milina; »aber sind die beiden Männer es *auch*?«

61

Der Herbst ist gekommen. Man sieht es an den Kartoffelkrautfeuern rings auf den Feldern. Aber auch an den Nebelbänken, die früh zwischen den Autos und Wohnwagen stehen.

Die Frauen gehen noch finden am Tag. Die Männer schlafen länger, jetzt im September. Aber irgendwann trifft man einander dann doch wieder am Feuer.

Ruben schickt eine Schachtel Zigaretten herum. Kukas nimmt sich zwei heraus. Die zweite schiebt er hinter das Ohr.

»Im Dorf«, sagt Ruben und zieht den Rauch in die Lunge, »im Dorf ist ein Haus zu verkaufen. Sehr günstig: Im Zentrum.«

Chrapos verschluckt sich. »Rechtsprecher, wir sind doch versorgt mit Winterquartieren. Es gibt seßhafte Sinte genug, die uns aufnimmt.«

»So ist es«, sagt Ruben.

Vataf kratzt sich im Nacken.

»Ich habe Mühe, Sie zu verstehen.«

»Mögen uns die Gadsche oder mögen sie uns nicht?«

Ruben blickt in die Runde.

»Niemand«, sagt Sander, »wird so wenig gemocht, wie wir von der Gadsche.«

Ruben nickt.

»Was wird sie daher machen, wenn sie erfährt, wir ziehen mit siebzehn Frauen und dreißig schulpflichtigen Kindern dort ein?«

Mischga pfeift durch die Zähne.

»Einen Schreck wird sie kriegen und versuchen, das

Haus mit Aufpreis zurückzuerwerben. Was kostet die Bleibe?«

»Es wird sich im Rahmen halten«, sagt Ruben. »Entsprechend meiner Wiedergutmachungssumme. Aber ich brauche noch zusätzlich Deckung. Adjam –: Wie wär es?«

Adjam blinzelt träge; ihm sitzt der Herbst schon im Blut.

»Wie hoch dachten Sie.«

»Ich brauche noch vierzig.«

Adjam wiegt den Kopf hin und her.

»Für ein Fünftel des Betrags, der über dem Kaufpreis liegt.«

»Das Geschäft ist abgeschlossen«, sagt Ruben.

Sie reichen einander die Hand.

62

Vitus lauscht. Jetzt wieder: Aus dem Waldstreifen drüben schallt ein Kauzschrei herüber. Der Kauz hat schon Frost in der Kehle.

›Das wird erst besser‹, hat Jorkan immer zu den Kindern gesagt, ›wenn er warmes Mäuseblut trinkt.‹

Vitus fröstelt. Die Feuer sind niedergebrannt, die Wohnwagentüren verschlossen. Aus den Ritzen der Läden fällt spärliches Licht. Es ist gefährlich, jetzt hier draußen zu sitzen. Die Mulé lieben Verbotsübertretungen nicht. Ihre Mittagsherrschaft ist sanft im Vergleich zu der in der Nacht.

Mittags blasen sie die Lebenden mit ihrem Eisatem an, nachts würgen sie sie und versuchen, ihnen ein Loch in den Schädel zu beißen, um an die Seele zu kommen.

Allerdings –: Jorkans Mulo ist anders. Er hat keinen Hunger auf Seelen. Er hat nur Hunger auf Wahrheit. Vielleicht hat er auch schon von ihr gekostet. Vielleicht fällt sie nachts mit dem Tau. Vielleicht speit der Waldkauz sie aus. Vielleicht wohnt sie tatsächlich im Eingeweide der Kröte.

Viele sagen ja auch, sie sei eine tausendgesichtige Frau. Das paßte zu Jorkan. Und paßt doch wieder nicht.

63

Ruben geht mit Mara über den Hof. Es gibt Geschäfte, da ist es gut, man tritt als Ehepaar auf.

»Und wenn es ihnen gleichgültig ist, wer in jenem Haus wohnt?«

Ruben zuckt die Schultern.

»Nichts leichter, als sich den Gadsche gegenüber unmöglich zu machen.«

Der Bürgermeister erwartet sie. Er hat den Kaufvertrag schon vorbereitet.

Der Notar zählt das Geld.

Ruben tritt mit dem Vertrag ans Fenster, um das Kleingedruckte zu lesen.

Der Notar setzt an zu einer Erklärung.

Ruben winkt ab.

»Es ist nicht das erste Haus, das ich erwerbe.«

Was sogar stimmt. Der Trick ist nicht neu.

Er unterschreibt.

Es ist so still im Büro, daß man die Feder kratzen hört.

Mara wagt nicht zu atmen so lange.

Beim Schnaps dann die wie nebensächlich klingende Frage:

»Und mit wieviel Seelen ziehen Sie ein?«

»Es wird eine Art Durchgangslager«, sagt Ruben. »Immer so an fünfzig, sechzig Personen.« Er lächelt verbindlich. »Sie wissen ja, wir sind ungeheuer mobil.«

Der Bürgermeister betupft sich die Stirn.

Der Notar fährt sich mit dem Zeigefinger im Kragen herum.

Das Rückkaufangebot hat um zwanzigtausend höher gelegen.

64

Mit Jorkans Tod ist es wie mit der Wahrheit: Es gibt sie; doch man muß sie erst finden. Vielleicht ist ja auch der Tod eine Frau. Vielleicht ist er aber auch nur eins ihrer tausend Gesichter. Vielleicht ergeben tausend Gesichter aber auch erst einen einzigen Tod.

Jorkan hatte *gar* kein Gesicht mehr, als man ihn fand. Es war ihm abhanden gekommen. Die Tiere hatten es untereinander verteilt. Der Marder die Nase. Das Wiesel die Lippen. Das Eichhörnchen die Wangen. Die Krähe die Augen. Der Fuchs seine Schläfen. Das Wildschwein die Stirn.

Was übrigblieb, färbte der Frost. Die Hände malte er blau. Kein Ring mehr an ihnen. Die linke zur Kralle erstarrt, die rechte zur Faust. Auch Dads Halstuch verschwunden; weg, mit all den hineingeknoteten Ringen. Die Füße fast schwarz.

»Wie die der Heiligen Sara«, hatte Baba Milina gesagt.

Der heilige Jorkan. Geschwärzt vom Märzfrost. Und wo waren die Stiefel? Wer hatte ihm das Amulett abgeschnitten?

»O Bengt«, sagt Romeika – der Teufel.

Also hatte o Bengt ihn vor den andern gefunden. Vor wem.

Mischga und Kukas hatten ihn ins Lager gebracht. Sie

trugen ihn, wie man ein Brett trägt. Als Mischga die Schulter losließ, um sich den Schweiß abzuwischen, fiel Dads Arm nicht herunter.

»Jorkan hat Haltung bewahrt bis zuletzt«, pflegt Baba Tamara zu sagen.

Aber haben Mischga und Kukas ihn denn auch *gefunden?* Nein. Finden konnte ihn nur ein Waldgänger wie Django. Dad hat in der Nähe des Flusses gelegen, am Waldrand; in einer Wehe aus vorjährigen Blättern und Schnee.

Aber warum hat Django ihnen dann nicht tragen geholfen? Er war doch bei Jorkans Wagen geblieben. Er hat ihn doch ins Lager gefahren. Aber stand das Auto nicht fast zwei Kilometer von Jorkan entfernt? Ja. Im Straßengraben; auf freiem Feld. Abgeschlossen; unversehrt.

Und wie kam dann Django hinein? Mit dem Schlüssel. Mischga und Kukas hatten doch gesagt, er habe gesteckt. Dann hat also nicht Django, dann haben Mischga und Kukas den Wagen gefunden? Ja. Django hat sie, auf dem Weg ins Lager, getroffen. Vielleicht ist er mitgefahren. Vielleicht hat er auf dem Trittbrett gestanden.

So klingt die Wahrheit. Hohl, wie der Husten Baba Tamaras. Vitus starrt in den Himmel. Eine Sternschnuppe hat ihm die Augen geritzt. Sie brennen.

65

Gako Koslowski liegt im Sterben. Gako ist der Älteste, er ist älter als Baba Tamara. Doch er hätte gerne noch länger gelebt. Niemand hat das Reisen, das Unterwegssein so sehr geliebt wie er mit seinen plattgelaufenen Füßen.

»Sei nicht unzufrieden«, sagt Baba Tamara zu ihm; »schon gar nicht jetzt, wo die größte aller Reisen beginnt.«

Sie spricht es zu ihm, während sie ihn ins Freie tragen. Es hätte gegen die guten Sitten verstoßen, würde Gako Koslowski im Wohnwagen sterben. Weder Geburt noch Tod finden im Wohnwagen statt. Er soll unbefleckt bleiben von Blut und Verderben.

Gako wird in die Mitte zwischen die Autos und Wagen gelegt. Kein Radio, kein Fernseher läuft. Alle Familien sitzen um ihn herum. Man unterhält sich. Man ißt, man trinkt, man raucht. Trauer, Bewegung, Kummer zeigt niemand. Der Sterbende soll noch einen vollen Zug Leben einatmen können. Und das Leben achtet nicht auf den Tod. Es tut, als ob es den Tod nicht kenne.

Aber der steht längst im Schatten bereit und stimmt verstohlen seine Gitarre. Schon der erste Takt läßt Gakos alten, ausgemergelten Körper erschauern. Und jetzt hat der Tod sich über ihn gebeugt. Dies ist die Melodie, die das Leben besiegt. Gako bäumt sich auf wie im Tanz. Dann fällt er zurück und erstarrt.

»Er ist tot«, verkündet Baba Tamara.

Sofort fangen alle Versammelten an zu schluchzen, zu weinen, zu schreien. Männer und Frauen äußern den Schmerz auf vielerlei Weise. Es ist ja nicht nur Gakos Tod, den man betrauert. Man beweint auch gleich den eigenen mit. Selbst die Kinder scheinen Mitwisser zu sein, an ihren Tränen gemessen.

Die Lamentationen dauern bis tief in die Nacht. Irgendwo beginnt sich das Jammern und Klagen jedoch dann zu ordnen, und es werden rhythmische Sprechchöre draus, die die Verdienste des Toten benennen. Da Gako Koslowski eigentlich *alle* Zigeunertugenden in sich vereinigte, dämmert es schon, wie die ersten sich steif und fröstelnd erheben.

Schließlich hockt nur der Totenwächter noch neben dem Leichnam. Er hat sich mit dem Rücken gegen die Morgenbrise gedreht, um die Kerzenflammen zu schützen. In drei Tagen wird das Begräbnis stattfinden.

66

Es ist ein Autofriedhof, auf dem es passiert. Auf Reisen und im Lager sind sie einander sorgsam aus dem Wege gegangen. Aber da der eine mit Gebrauchtwagen handelt, der andre mit Schrott, war so eine Begegnung nicht auszuschließen. Und so laufen sie nun schweigend um die haushohen Stöße plattgewalzter Autokarosserien herum.

Gaspar beginnt.

»Du wirst mich keinen Schritt zurückdrängen können. Ich liebe sie nämlich. Ich mag nicht mehr ohne sie leben. Wobei es mir schon beinah egal ist, wie du das übersetzt.«

Radós nickt.

»Offenlassen –: Nur so kannst du etwas bei ihr erreichen.«

»Du solltest dich verteidigen, statt mir Ratschläge zu erteilen.«

»Warum muß ich mich verteidigen?«

»Na, du liebst sie doch *auch!*«

»Ich –?« Radós bleibt vor einem Schrotthaufen stehn. »Wie kommst Du denn d*a*rauf? Wir *leben* zusammen.«

»Hat Zusammenleben etwa *nichts* mit Liebe zu tun?«

»Könnte es dich geben, wenn du recht hättest?«

»Es gibt mich, weil sie sich von dir trennen wollte.«

»*Wollte,* ganz recht. Aber wir sind zusammengeblieben.«

»Du meinst, sie ist wieder zu dir gekommen.«

»Ja. Ich war *auch* ganz verblüfft.«

»Und wenn ich sie freigegeben hätte für dich?«

Radós hebt ein wenig die Schultern.

»Ganz zuletzt bleibt einem nichts anderes übrig. Ich habe es ja deinetwegen genauso gemacht. Nur so gelingt es, sie locker an uns zu binden.«

»Weißt du, daß ich dich hasse?«

Gaspar atmet tief ein.

Radós nickt.

»Ich hätte auch gern, daß dich der Schlag trifft. Aber man muß mit solchen Wünschen vorsichtig sein; schließlich liebt sie dich doch.«

67

Baba Tamara schätzt es nicht, über die Dämonen zu sprechen; und über Melalo schon gar nicht. Sie sagt:

»Würde die Elster zu schweigen verstehen, sie zöge das Unheil nicht an. Andererseits«, sagt Baba Tamara, »muß man kennen, was einen bedroht. Ich kann nur bannen, was ich auch sehe. Und Melalo«, sagt sie, »sehe ich wie ihr alle. Und wir alle sehen ihn, wie bereits unsere Väter ihn sahen; denn es gibt ihn schon lange.

Es gibt viele Dämonen. Manche sagen, Poreskoro, der Bruder Melalos, sei der schlimmere, weil er Pest, Cholera und die Viehseuchen bringt. Ich aber sage euch: Melalo ist schlimmer. Er ist der schrecklichste aller Dämonen. Er ist weit über mannsgroß. Er hat die Gestalt eines zweiköpfigen Vogels. Sein Gefieder ist grau und schorfverklebt. Seine Klauen sind schärfer als eure Rasiermesser, Männer. Er zerreißt euch die Herzen und den Frauen die Leiber.

Doch töten geht ihm zu schnell. Erst streckt Melalo sein Opfer mit einem Flügelschlag nieder. Jetzt vereinigen sich Haß und Wollust in ihm, und er beginnt, den in Ohnmacht Geschlagenen zu würgen. Warum warne ich euch, sich Stamlo zu nähern, wenn ein Anfall ihn hingemäht hat? Weil dann Melalo ihn schüttelt. Kämt ihr dazu, Melalo bräche vor Wut in eure Familien mit Tobsucht, Mord und Vergewaltigung ein.

Baba Milina behauptet, man kann ihn mit geweihtem Wasser verscheuchen, und die Heiligen seien stärker als er. Baba Milina soll schweigen. Hat Melalo der Sunto Maria nicht auch den Sohn weggerissen und ihn lebendig ans Kreuz nageln lassen? Was hätte da geweihtes Wasser genützt? Essig war in dem Schwamm, den man Cretchuno gegen den Mund gepreßt hat; Essig, der der Speichel Melalos ist.«

68

»Hört nicht auf Baba Tamara«, sagt Baba Milina. »Wie kann sie von der Machtlosigkeit Marias sprechen, wenn sie die Sunto Maria und ihre Kräfte nicht kennt. Natürlich muß man wissen, daß Maria all ihre Kräfte Cretchuno vererbt hat. Denn wie jede Mutter: sie hatte im Blut, was ihrem Sohne bevorstand; sie wollte ihn wappnen.

Der Pfarrer bestreitet das. Erkennen macht ungläubig, sagt er. Er irrt sich. Es trübt nur das Blut.

Deshalb ist es auch falsch, von der unbefleckten Empfängnis Marias zu reden. Schon das Blut ihrer Eltern war wissend. Einen Sohn wie Cretchuno ahnen die Vorfahren bis ins siebente Glied. Wie will man da unbefleckt bleiben – derart beunruhigt. Sauberkeit setzt Unwissen voraus: Sunto Maria aber war wissend. Da liegt ihre Kraft, die die unbesiegbare Kraft Cretchunos ist.«

69

Heute geht es Stamlo besser. Jetzt ist die Zeit, wo Slava sich für ihn umbringen könnte, würde es ihm etwas nützen.

Er sitzt unter den Ikonen. Er lächelt; er ist weit weg mit den Augen. Kein Kind im Lager strahlt so viel Zerbrechlichkeit aus. Niemand, den Slava gekannt hat, wirkt so entrückt, so schutzbedürftig, so weise.

Er ist immer so, wenn es dann wieder vorbei ist. Es dauert eine Stunde vielleicht. Dann erlischt das kühle Feuer in ihm. Sein Blick wird blöde. Der Kopf sinkt herab. Er lallt. Er versucht, das Sonnenviereck wegzustoßen, das vor ihm auf dem Fußboden liegt. Er wird wütend; er nimmt seine Peitsche, schlägt draußen die Bäume.

»Melalo hat ihn wieder verlassen«, pflegt Baba Tamara zu sagen. »Jetzt macht die Leere im Hirn ihm doppelt zu schaffen.«

Sander will, sie soll Stamlo behandeln.

Slava läßt sich darauf nicht ein. Bestimmt ist Baba Tamara eine echte Drabani, die sich auf solche Dinge versteht. Doch auf Stamlo versteht Slava sich besser; man kann ihm nicht nehmen, was zu ihm gehört.

Denn gegen Melalo hilft *nichts;* das weiß auch Baba Tamara.

Wie aber sollte Stamlo vor Melalo bestehen, wenn man

ihn seines Schwachsinns beraubt? Er ist auf ihn angewiesen. Er braucht ihn, um weiterleben zu können. Geheilt, würde Stamlo die Furchtbarkeit Melalos begreifen. Das wäre sein Tod.

70

Baba Milina sagt:

»Ich bin euch noch ein Beispiel schuldig für die Kraft Sunto Marias. Wenn ihr wollt, hört. Was ist das Wesen Melalos, den Baba Tamara, in der Sprache der Gottlosen, den Unbesiegbaren nennt? Grauen erregt er; würgen und vergewaltigen will er; und ständig giert er nach Mord.

Denkt an Hanenka. Was mag sie empfunden haben, als die beiden Gadsche sie überfielen? Ich denke doch, Grauen; Grauen und Angst. Und was wollten die beiden? Was ihr Auftraggeber Melalo gewollt hat: Gewalt anwenden, ob zu Lust oder Mord.

Jedoch was ist statt dessen geschehen? Ein Wunder: Hanenka konnte entfliehen. Ratet, warum. Weil sie ein Kreuz um den Hals trug, das blutige Zeichen Cretchunos.

Wie groß, sagt Baba Tamara, ist doch Melalo? Weit über mannshoch. Das Kreuzchen Hanenkas aber ist winzig. Ihr könntet eine Fliege darunter begraben. So sind die Waffen beschaffen, mit denen Melalo besiegt wird.

Vielleicht sagt ihr, Cretchuno zaubert mit göttlichen Händen. Gut, dann laßt uns jemand nehmen, der vor Demut nicht wagt, auf seine Füße zu blicken. Ihr wißt, wen ich meine:

Die Schwarze Sara, die unsere Heilige ist. Habe ich Weihwasser aus Tresmaié oder nicht. Ich habe eine ganze

Flasche davon. Es ist dort geschöpft worden, wo der Kleidsaum Saras das Meer berührt hat, an genau dieser Stelle.

Und nun erinnert euch Jorkans. Ist er nicht der einzige gewesen unter euch Männern, der Stamlo auch dann zu suchen gewagt hat, wenn Melalo ihn würgte? Hat Jorkan nicht wieder und wieder Stamlos armen, wild hin und her schlagenden Kopf festgehalten und achtgegeben, daß er sich während seiner Anfälle nicht die Zunge zerbiß?

Wie konnte er das? Wie kam es, daß Melalo ihn da nicht vor Wut und Ingrimm zerfleischt hat? Denkt nach.

An meinem Weihwasser hat es gelegen, mit dem ich Jorkan heimlich besprengte. Sara Kali hat Jorkan unangreifbar gemacht, indem sie Melalo mit ihrem Kleidsaum besiegte.«

71

»Wer so leichtfertig redet wie Baba Milina«, sagt Baba Tamara, »der zeigt damit nur, er hat die Furchtbarkeit Melalos überhaupt nicht begriffen. Sara Kali ist unsere Heilige, ja. Aber Melalo ist der Feind des ganzen Menschengeschlechts. Er haßt nicht nur jeden Zigeuner. Er haßt jeden Menschen.

Baba Milina täte gut daran, sich in Erinnerung zu rufen, wer für Melalos Dasein verantwortlich ist. Seine Vorfahren, die Locolico, sind Menschen gewesen, ehe o Bengt, der Teufel, sie unter die Erde verstieß. Aber statt die Überlieferung zu bedenken, denken gewisse alte Frauen sich hier lieber rührende Geschichten mit niedlichen Kreuzchen aus, die an Mädchenhalsketten baumeln: Hole deine Flasche voll Weihwasser, Milina. Sprenge es um dich. In der Stunde unseres Todes wird Melalo so oder so alle Heiligenbilder zertrümmern. Winke nur ab. Hat er nicht auch das Hirn Stamlos zertrümmert? Und hat Stamlo nicht, als er noch klar war, Gesichte von Heiligen gehabt, gegen die sich deine bleichen Träume von Sunto Maria wie verschimmelte Maisbrotscheiben ausnehmen? Capité. Melalo weiß, wen es sich lohnt zu vernichten. Stamlo würgt er noch heute. Dich, Milina, läßt er hundertneununddreißig Jahre altwerden.«

72

Baba Tamara sagt zu Baba Milina:

»Ich frage dich also –: Wer sind Melalos Eltern gewesen? Du weißt es nicht mehr. Du hast es vergessen. Laß mich dir Nachhilfe geben.

Seine Mutter war Ana, die Königin der Keshalyi; das sind die schönen, die sanften Feen des Guten. Sein Vater war ein Ungeheuer; eben der König jener Locolico, die man auch Erdgeister nennt. Er hat ein so furchtbares Aussehen gehabt, daß er sich vor dem eigenen Spiegelbild entsetzte.

Ist es nicht seltsam, Milina, daß von den Anlagen der Mutter so gar nichts wiederzufinden ist in Melalo? Woran liegt das?

Wenn du denken könntest und nicht nur glaubtest, du würdest den Schlüssel zur Antwort in der Überlieferung finden. Denn Ana hat sich ihrem Manne versagt. Er mußte eine List anwenden, um ihr beiwohnen zu können.

Die List hat darin bestanden, er hat ihr, wie eine goldene Kröte ihm riet, ein Elsterhirn zu essen gegeben. Davon schlief Ana ein. Jetzt hat er in sie eindringen können.

Daß er da Sieger blieb, liegt auf der Hand. Denn Anas Gaben schliefen, waren betäubt. Melalos Zeugung fand zwar in ihr, aber dennoch ohne sie statt.

Und nun laß uns wieder Stamlo, Melalos Opfer, betrachten. Selbst dir, Milina, kann man Melalos unbesiegbare Hartnäckigkeit, die auch kein Weihwasser aufweicht, jetzt nämlich mit einem einzigen Satz nur beweisen: Schwatzt Stamlo in seinem Schwachsinn nun nicht sinnlos wie eine Elster?«

73

Von allein hätte Lele wohl nicht mit ihm darüber gesprochen. Es lebte sich gut mit ihm. Er war umgänglich und ließ sie gewähren. Seit sie sich Gaspar genähert hatte, war auch auf Radós ein neuer Lichtschein gefallen. Er verklärte ihn nicht. Im Gegenteil, er umriß ihn genauer. Lele erkannte, was sie an ihm hatte.

»Ich bin dir dankbar«, sagt sie, »und ich hab mich an dich gewöhnt. Ich dachte zuerst, das genügt nicht. Doch; es genügt. Und wir haben auch wieder zusammengefunden.«

Radós nickt.

»Ja; seit du dich Gaspar zugewandt hast.«

Lele fährt sich durchs Haar.

»Wir hatten einander Treue geschworen. Ich hab ihn gebeten, mich freizugeben. Für dich.«

Radós schluckt.

»Ich empfang dich aus seinen Händen.«

»Und umgekehrt, Radós. Er leidet sehr darunter, daß es dich gibt.«

»Und umgekehrt, Lele.«

Radós hebt ein Stück Altblech auf und poliert es. Sein Spiegelgesicht darin ist verzerrt.

»Radós –«, Leles Atem stockt. »Ich bin auch bei dir geblieben, weil du mir keine Grenzen ziehst. Ich fühl mich frei neben dir.«

»So war es abgemacht.« Sein Nicken jetzt gelingt ihm nicht ganz. »Frei in jeder Beziehung. Das galt auch für mich.«

»Nur –: Warum leidest du dann? Ist Freiheit nicht etwas Großes? Und macht Leiden nicht klein?«

»Frag das Gaspar.«

Lele preßt sekundenlang die Lippen zusammen.

»Gaspars Liebe ist groß.«

»Aber sie macht dich nicht frei. Sie nimmt dir den Atem.«

»Ich wollte, du hättest ihn mir auch mal genommen.«

»Dann hätt ich dich unfrei gemacht.«

»Nein –: glücklich. Atemlosigkeit ist kein Zeichen von Enge. Sie hat mit Rastlosigkeit, mit Suche, mit Neugier zu tun. Sie ist das Gegenteil von Beharrung.«

»Und wenn du statt Beharrung Verläßlichkeit setztest?«

»Einverstanden.« Lele blickt ihn aufmerksam an. »Und worauf verläßt du dich, wenn du unser Zusammenleben betrachtest?«

Radós hält noch immer das Blech in der Hand. Die Oktobersonne bricht sich in ihm. Ihr Widerschein flimmert über die Ikonengesichter.

»Ich verlasse mich darauf, daß zwischen uns alles so bleibt, wie es ist. Du wirst dich eines Tages entscheiden.«

»Und wenn *du* dich entscheiden würdest?«

»Ich halte von Entscheidungen nichts.«

»Aber du hast mir doch gerade geraten, eine zu treffen!«

»Ich habe an deine Tränen gedacht. Weinst du auch, wenn du Gaspar im Arm hast?«

»Ja.«

»Dann bist du mit dem jetzigen Zustand doch nicht zufrieden.«

»Nein.«

Leles Stimme zittert.

»Warum bleibst du nicht bei ihm?«

»Weil ich mich an dich gewöhnt habe, Radós.«

»Aber lieben wir einander? Nein. Du kommst zu mir. Du lockst mich. Doch ich bin nicht zu Hause bei dir. Ich bin allenfalls Gast.«

»Liegt das an *mir*?!«

Radós fährt mit dem Daumen die Kante des Blechstücks entlang.

»Das liegt an Gaspar. Du liebst ihn.«

»Ich weiß nicht, ob ich ihn liebe.«

»Du mußt es nicht wissen. Es ist so. Man spürt es.«

»Aber ich bin doch viel häufiger bei dir als bei ihm!«

»Das ist nicht das Entscheidende. Das Entscheidende ist, daß du zu ihm gehst, obwohl du zu mir kommst.«

Lele schluckt. Ihre schattigen Wangentäler vertiefen sich noch.

»Aber dann *hätte* ich mich doch schon entschieden!«

Radós schweigt.

74

Seit Adjam Cora zurückgeholt hat, versagt sie sich ihm. Der Bär muß seine Liebkosungen im Eisschrank aufheben. Nichts hat Adjam bisher ärger getroffen. Ständig sinnt er auf Rache. Zwanzig Tage, zwanzig Nächte, und er weiß, was zu tun ist.

Er erinnert jeden der Männer. Er läßt keinen mit seiner Aufzählung aus. Er drängt. Er droht. Er wirbt. Wie er die meisten hinter sich weiß, geht er zu Ruben.

»Rechtsprecher«, sagt er zu ihm, »Sie müssen die Kriss einberufen. Die Mehrheit will, daß Jorkan Schlomichl auch als Toter noch dem Stammesausschluß verfällt. Das können Sie allein nicht entscheiden.«

Ruben bespricht sich mit der Puri Dai eins und der Puri Dai zwei, mit Baba Tamara und Baba Milina.

»Frauen«, sagt er, »mit Toten soll man nicht rechten.«

»Jorkan *ist* nicht tot«, sagt Baba Tamara. »Er lebt in allem, was er getan hat.«

Baba Milina nickt.

»Und in seinen Untaten am meisten.«

»Dann ist es gerechtfertigt, die Kriss einzuberufen?«

»Capité«, sagt Baba Tamara; »du solltest es tun.«

»Wenn es ein einhelliger Beschluß wird«, sagt Baba Milina, »schweißt es die Männer zusammen. Wir können das brauchen.«

Ruben sagt den Männern Bescheid.

Am Abend sitzen sie um die glühende Teertonne herum. Sie rauchen und schweigen.

»Dies ist keine gewöhnliche Männerversammlung«, sagt Ruben. »Dies ist die Kriss. Ihr wißt: Hier wird einzig nach unseren eigenen Gesetzen entschieden. Beratet untereinander folgenden Fall. Es liegt der Antrag vor, den Sinto Jorkan Schlomichl aus dem Stamm auszuschließen. Ich mach darauf aufmerksam, eine schlimmere Strafe kann es nicht geben. Selbst sterben ist leichter. In unserem Fall verstärkt allerdings der Tod Jorkans jenes Strafmaß dann noch. Denn kommt es zur Ausführung, heißt das, es wird auch nicht mehr an den Delinquenten gedacht. Beratet euch jetzt.«

»Es brennt!« gellt da eine Jungenstimme durchs Lager. »Adjams Wohnwagen brennt!«

Die Männer rasen hin. Helle Stichflammen züngeln hervor unterm Dach. Vitus hat gerade Cora und die Kinder geweckt. Rauch in den Lungen, haben sie sich hustend auf die Rasennarbe gesetzt.

Da kein Wasser im Lager ist, wirft Adjam aus dem zertrümmerten Fenster, was er zu fassen bekommt. Bela und Ely holen gemeinsam noch den Eisschrank heraus. Als letzter kommt Adjam aus dem glühenden Wohnwagen getaumelt, unterm einen Arm den Fernseher, unterm anderen die Ikone.

»Das war Brandstiftung«, keucht er. »Wer im Lager hat wohl ein Interesse daran, Jorkan zu schützen?«

»Ja«, sagt Vitus und fährt sich über das angesengte Haar; »das muß man sich gut überlegen.«

75

Jetzt im Oktober sind die Dolden der Ebereschenbeeren so rot wie einen Monat zuvor die Fliegenpilze im Wald. Die Kartoffelernte ist schon vorbei. Man muß sich an die Rübenmieten halten, soll am Abend im Topf überm Feuer was bollern.

Romeika hat sich bei Kukas einen neuen Ikonenkasten bestellt. Der alte war runtergefallen; sie hatte zu tief und zu lange von Jorkan geträumt. Durch die Stirn des kleinen Cretchuno läuft jetzt ein Riß. Romeika hat ihn mit Zuckerwasser geklebt.

Ana ist kürzlich von einer Polizeistreife zurückgebracht worden. Jemand hat sie angezeigt, weil sie keinen Gewerbeschein hatte. Da ist Backo das Beispiel vom Hund doch wieder abhanden gekommen.

Pinkas hat bei einer Schlägerei fast ein Auge verloren. Es ist um seine Ehre gegangen. Baba Tamara hat den Doktor wieder nach Hause geschickt. Sie hat Pinkas auf die Wunde gespuckt und ihm ein Amulett aufs Auge gedrückt. Es beginnt ihm schon wieder besser zu gehen.

Die älteren Männer sehnen sich in ihren Unterhaltungen nach den wärmenden Pferden zurück. Die Frauen frösteln beim Findengehen frühmorgens. Gegen den noch nachtkühlen Nebel binden sie sich die schlafenden Kleinkinder um.

Niemand mag den Wind in den kahlen Baumkronen jetzt; niemand den Dunst auf den ungenauen Chausseen.

Die Motoren husten, wenn sie anspringen sollen.

»Alle unsere Autos«, sagt Kukli zu Gina, »haben zu dieser Zeit Lungenentzündung.«

76

Auf dem Weg zum Stadtrand ist ein Wunder geschehen.

Lele ist eines Morgens zu Gaspar gekommen. Gaspar rasierte sich gerade.

»Nimm Platz«, sagt Gaspar; »ich friere, wenn ich dich da mit hängenden Schultern herumstehen sehe.«

Lele setzt sich auf Gaspars Truhe.

»Du kennst mich. Du weißt immer ganz genau, wie mir zumut ist.«

»Ich spür es«, sagt Gaspar. »Mal ist es deiner Stimme anzumerken, mal deinen Bewegungen, mal deinen Augen. Manchmal merk ich's auch so.«

»Und heute?«

Gaspar starrt einen Augenblick sein Spiegelbild an.

»Heute willst du, daß ich mitkommen soll.«

»Du hast geworben um mich«, sagt Lele.

»Und dich geliebt.«

»Darauf antworte ich dir nicht.«

Das Rasiermesser grast die Bartweide ab. Die Haut darunter ist blau.

»Jede deiner Umarmungen war Antwort genug.«

»Ich habe auch Radós umarmt.«

»Du hast ihn wiederzufinden versucht. Er war dir in den vielen Jahren eures Zusammenlebens verlorengegangen.«

»Ich *habe* ihn wiedergefunden.«

»Aber verändert. Nicht in dich, sondern in die Gewohnheit verliebt, dich täglich, wann auch immer er kam, in seinem Wagen zu wissen.«

Lele preßt die Lippen zusammen.

»Er hat mich genauso besessen wie du.«

»Das kann nicht sein. Du bist kein Besitz. Du bist ein Manusch, ein Mensch. Wie könnte ich einen Menschen besitzen?«

Jetzt hat das Messer die Kehle erreicht.

»Um Gottes willen, schneide dich nicht!«

»Es hätte mir die Entscheidung erspart.«

»Woher weißt du, daß sie gefällt worden ist?«

»Du wärst sonst nicht hier. Dir ist nach Aufbruch zumut.«

Gaspar betupft sich mit einem Handtuch das Kinn.

Lele seufzt.

»Sie richten eine Sonderklasse für Zigeunerkinder ein in der Stadt. Es kommt nicht auf Schulwissen an, sondern auf Einfühlsamkeit.«

Gaspar holt seinen Koffer vom Schrank.

»Bin schon bereit. Beeil dich, daß wir den Omnibus kriegen.«

77

Es sind Gadsche ins Lager am Stadtrand gekommen, freundliche Männer.

Aber freundlich, erinnert sich Ruben, waren die von der Rassenhygienischen Forschungsstelle damals eigentlich auch. Und doch hat die Verfolgung mit ihnen begonnen.

Ruben schickt Papo Mihailo hin zu den Männern. Der sieht von allen noch am würdigsten aus.

Papo Mihailo fragt, was sie wollen.

»Wir führen eine Statistik. Wir wollen den Prozentsatz der Analphabeten erfassen«, sagt einer der Männer. »Nennen Sie Zahlen.«

»Ich bin Analphabet«, sagt Papo Mihailo. »Mich dürfen Sie nach Zahlen und so was nicht fragen.«

»Dann bestimmen Sie einen Schreib- und Lesekundigen, uns Auskunft zu geben.«

»Bestimmt wird hier nicht«, sagt Papo Mihailo. »Und wieso muß er lesen und schreiben können, wenn er nur reden soll? Reden kann ich doch auch.«

Der Mann verdreht die Augen zum Himmel.

»Also gut. Wie ist das mit dem Schulbesuch?«

»Wir sind auf Achse, Herr. Wie sollen die Kiner da die Schule besuchen?«

»Aber Lesen können wäre doch eine große Erleichterung für Sie.«

»Im Gegenteil«, sagt Papo Mihailo. »Das gibt nur zusätzliche Verantwortung, was die Behörden betrifft.«

»Aber Sie sprechen doch zum Beispiel fabelhaft Deutsch.«

»Werden Sie so alt wie ich«, sagt Papo Mihailo; »dann können Sie's auch.«

Der Mann räuspert sich. Er sieht sich um.

»Wo sind Ihre Frauen?«

»Ich hab keine«, sagt Papo Mihailo. »Und auf die anderen paß ich nicht auf.«

»Tja. Wir kommen sicher noch ein paarmal vorbei.«

»Fein«, sagt Papo Mihailo. »Da freuen wir uns drauf.«

78

Die ersten Familien sind für den Winter schon untergekommen.

Die meisten Häuser dieser Stadtrandsiedlung sind zwar regendurchlässig. Aber ein paar trockene Zimmer sind beinah in jedem zu finden. Und Verwandte, Bekannte und Freunde halten hier schon seit Jahren die Stellung.

Romeika und Worscha sind unschlüssig, wo sie hinziehen sollen. Vitus nutzt das aus. Es ist Allerseelen, und Vater Jorkans Grab ist nicht weit. Ein Windlicht auf Dads Hügel macht sich da sicher nicht schlecht.

Die Straßenbahnfahrt ähnelt einem Spießrutenlauf. Vitus ist extra draußen geblieben. Aber jeder neu einsteigende Fahrgast mustert ihn, als sei er ein Rieseninsekt.

Auf dem Friedhof setzt Regen ein. Viele der Lichter und Kerzen auf den Gräbern verlöschen.

Ein alter Mann bittet Vitus, ihn zum Ausgang zu führen. Er hat am Grab seines Sohnes einen Herzkrampf bekommen. Vitus bringt ihn auf eine Polizeiwache. Die Beamten mustern ihn argwöhnisch. Wollen seine Papiere. Vitus kennt das. Er gibt sie ihnen. Ein Gadscho traut nie seinen Augen. Immer will er obendrein noch was lesen.

Wo er hinwolle.

»Auf den Friedhof«, sagt Vitus; »meinen Vater besuchen.«

»Der nimmt uns auf den Arm«, sagt einer der Polizisten.

Aber da hat Vitus dem andern schon seinen Paß weggerissen und ist zur Tür rausgerannt.

Nichts schlimmer, als ein Gadscho, der sich nicht ernstgenommen fühlt.

79

Vitus wagt einen zweiten Versuch. Diesmal gelingt es. Wenn man einen Bogen um die Friedhofsbesucher schlägt, besteht auch keine Gefahr, aufzufallen oder ihnen helfen zu müssen. Sein Ortsgedächtnis führt ihn direkt ans Grab.

Vitus hat die Kastanie vergessen. Sie hat ihre Blätter zwar abgeworfen; aber einer ihrer breit gefächerten Äste deckt fast die ganze Grablänge ab. Vitus kann das Windlicht unter ihm entzünden und auf die Steinplatte stellen. Er setzt sich.

Der Regen hat zugenommen. Das gleichmäßige Rauschen tut wohl; es beruhigt.

Das Grab sieht aus wie alle Gräber. Vitus glaubt, es schöner in Erinnerung zu haben. Aber gibt es das: schöne Gräber –?

Der Himmel verfinstert sich. Vitus spürt im Rücken den Stamm. Es ist kein Friedhofsbesucher mehr zu sehen. Er ist mit seinem Vater allein.

Nebelfetzen hängen zwischen den Gräbern. Einer schiebt sich nah an Vitus heran. Dehnt sich aus. Bäumt sich auf. Ist ein Wesen. Ein wolkiger Mann. Eiseskälte fährt aus seinem Munde hernieder.

»Du wolltest mich sprechen.«

Vitus zittert. Er nickt.

»Sag mir, wie der Dad gestorben ist, Geist.«

»Was fragst du. Ihr habt ihm doch Tode genug ausgesucht.«

»Aber der wahre war nicht dabei. Ich habe es deutlich gespürt.«

»Jorkan hat es selber getan.«

»Mulo, du lügst.«

»Sag das noch einmal, und ich reiße dir die Eingeweide heraus.«

»Aber Dad hat doch nichts so wie das Leben geliebt!«

»Ist das ein Grund, nicht sterben zu wollen?«

»Warum hat er's getan?«

»Weil er heimatlos war. Er mußte mit Stammausschluß rechnen.«

»Aber das habe ich doch gerade verhindert!«

»Du hast es verzögert. Wer so oft gegen die Gesetze verstößt, der macht sich die Gesetze zum Feind. Den holen sie von überall her wieder zurück, auch aus der Erde.«

Vitus friert. Sein Rückgrat rinnt Regenwasser herab. Er fragt:

»Wie hat er's gemacht?«

»Es war kaum zu erkennen. In der rechten Schläfe ein winziges Loch. Den Revolver hat niemand gefunden.«

Ein Windstoß zerreißt das Nebelgebilde.

»Mulo –!« schreit Vitus.

Doch nur der Kastanienast knarrt.

80

Jetzt sind *alle* Sinti auf die Winterquartiere verteilt. Die Autos und Wohnwagen sind großenteils besser untergekommen. Aber was heißt gut, was heißt schlecht, wenn es um Unterbringung geht. Freunde müssen dasein, Bekannte, Verwandte, die Kinder.

Die Koffer bleiben gepackt. Das hat noch nie ein Behörden-Gadscho verstanden. Aber kann doch mal sein, der Winter wird mild. Warum da erst endlos Kleidung sortieren, wenn eine schneefreie Woche Unterwegssein verheißt. Ist doch ohnehin nur eine Reiseunterbrechung, was man sich hier mit dieser Zwangspause gönnt.

Baba Tamara und Baba Milina sind zusammengezogen. Streit läßt keine Langeweile aufkommen. Radós ist mit den Dombrowski's zusammen. Es gibt da zwei Töchter, Kali Tschai und Margodscha. Margodscha hat Radós schon immer gefallen. Aber auch Kali Tschai wird einmal sehr hübsch.

Schwer ist es, Stamlo hier unterzubringen. Slava holt ihn mal hier ab, mal dort. Er wird oft gehänselt und wütend gemacht. Dann knallt er mit seiner Peitsche. Ruben wäre gern bei vielen Frauen gewesen. Aber es sind ausschließlich Männer, die sich auch hier um ihn scharen.

Romeika hat sich von Worscha getrennt. Sie konnte ihr Grübeln nicht mehr ertragen. Karman gibt acht auf Hanenka. Der ist nach Disco-Musik zumut. Bela und Eli arbeiten in den Stadtrandkneipen mit Zauberwürfeln und Kartenaufdecken. Adjam, der Bär ist in eine Art Winterschlaf gefallen. Cora hat schon zweimal das Messer in der Hand gehabt, um ihn zu wecken.

Am schwersten fällt es Django, sich an ein Zimmer zu gewöhnen. Er trottet ständig am Fuß der großen Müllhalde draußen herum und schießt mit dem Katapult nach Krähen und Möven. Aber auch Yehwa ist diese Winterpause ein Greuel. Sie möchte allein sein mit Pinkas. Doch selbst nachts, wenn sie ihn im Arm hält, atmen ein Dutzend Menschen rings um sie her. Ist da an Liebe zu denken? An alles andere eher.

Kukas hat es da leichter. Seine drei Kinne glänzen. Er

sitzt in der Zimmerecke auf seinem Koffer und kaut. Und das macht er immer. Chrapos hat sich auf den Handel mit Straßschmuck verlegt. Er kommt herum in den Häusern, kann Verabredungen stiften und Grüße und Flüche bestellen.

Es ist auch mal wieder eine Prügelei entstanden. Vataf hat Kringla Drombrowski beschimpft, weil der Geige spielt in Gadsche-Lokalen. Der Arzt hatte mit den Verletzten zweieinhalb Stunden zu tun. Mischga ist in die Klinik gekommen. Aber da ihn täglich zwei bis drei Familien besuchten und nicht mehr weggehen wollten aus dem geheizten Raum, hat man ihn wieder entlassen.

Backo hat auch viel draußen zu tun. Abend für Abend sucht er Ana in den Lokalen. Er träumt sogar schon, daß er sie sucht. Er beneidet Vataf, der eine junge, liebreizende Frau hat, die lächelnd ihr Kind wiegt. Die anderen Frauen sind zusammengeblieben. So lassen die Gerüchte sich leichter verwerten.

Ende November beginnt es zu schneien. Vitus hat Barkan und Griksla seinen Arm um die Schultern gelegt und blickt in das Flockentreiben hinaus.

»Was die Mulé jetzt machen, wüßte ich gern.«

Barkan seufzt.

Glossar

Baba	Großmutter
capité	nun gut; na, schön
Chretschuno	Christus
Dad	Vater
Drabani	Kräuterkundige, Hexe
Gadsche	Die Nichtzigeuner
Gadscho	Der Nichtzigeuner
Gadsche	Die Nichtzigeunerin
Gitano	Spanischer Zigeuner
Jenische	Nichtzigeuner, die sich den Zigeunern angeschlossen haben
Kaldera, Kelderari	fernwandernder, aus Rumänien kommender Zigeunerstamm (caldarar, rumänisch: Kesselschmied)
Kali Tschai	Schwarzes Mädchen
Kriss	Zigeunergericht
Locolico	Erdgeister
Margodscha	Katze
Mulo	Totengeist, Geist Gestorbener
Mulé	Totengeister
Patrin	Geheimzeichen, Zeichensprache
prasto	unehrenhaft, unsauber, unrein
Puro Dai	Zauberin, Hexe
Rom, Roma	Eigenbezeichnung der Zigeuner

Róm	Nächst der Sinte die stärkste Zigeunergruppe in Deutschland
Romani	Die Zigeunersprache
romano lab	Zigeunername
Sinte, Sinti	Die deutschen Zigeuner
Sinto	Deutscher Zigeuner
Sintizza	Deutsche Zigeunerin
Sara Kali	Schwarze Sara, die Schutzheilige der Zigeuner
sunto	heilig
Tresmaié	Saintes-Maries-de-La-Mer, Wallfahrtsort der Zigeuner in der Provence.